Ulrich Klocke

Godot war hier

Kurzgeschichten
Gedichte Lieder Essays

Inhalt

Godot war hier 6

Ja, so ist sie 8

Autofahrer 12

Sinnlos 20

Freunde bleiben 21

Wir haben das Staunen verlernt 24

Vertrauen 34

Amok 36

Wenn die Apfelbäume träumen 42

Jenseits vom Diesseits 44

Oh Happy Day 46

Eine außergewöhnliche Karriere 48

Die Schicksalsnacht 72

Der Massenmörder 74

Die unendliche Zärtlichkeit des Seins 75

Gedanken über die Männer 77

Gedanken über die Frauen 84

Hurra, die deutsche Sprache lebt! 88

Ligalize it 90

Die ewige Kraft der Liebe 93

Dance the devildance 126

Centurylove 128

Wildes Leben 129

Offener Brief eines Rollstuhlfahrers 131

Der ganznormale Einkaufswahnsinn 136

Die Katakomben des Grauens 140

Dadaismus 142

Der Tannenbaum 143

Der Beweis 146

Weswegen ich beinahe noch einmal an den Weihnachtsmann geglaubt hätte 147

Heilig Abend bei Hagenbeck 151

Sentimental Journey 155

Parlez vous francais? 162

Op de Straat 168

Futtern wie bei Muttern 173

Das Licht 178

Für Nicole 179

Godot war hier
Originalausgabe
Mai 2017
© Ulrich Klocke 2017
Herstellung und Verlag:
BoD- Books on Demand, Norderstedt
Das Werk ist urheberrechtlich geschützt

Umschlaggestaltung: Ulrich Klocke
Graphik: Ulrich Klocke
ISBN 9783743162075

für
Hanna
und
Stella

Godot war hier
Godot war hier.
Estragon hat gekocht.
ETA Hoffmann brachte den Nachtisch mit.
Nusskuchen.
Klein Zaches trat Berthold Brecht auf den Schlips, worauf er vom guten Mensch von Sezuan eine gescheuert bekam.
Mark Twain kam diesmal zu Fuß. Er spielte mit Kapitän Nemo nach dem Essen Schiffeversenken.
Dante verursachte beim Fondue mal wieder ein Inferno.
Edward Albee kam nicht. Er hat Angst vor Virginia Woolf.
Daniel Defoe hat am Freitag abgesagt.
Er fährt mit Aldous Huxley in die schöne neue Welt.
Hoffmanns Kuchen nahmen wir im Wintergarten ein.
Shakespeare dementierte dort heftig das Gerücht, dass der Mohr von Venedig bei der Schwarzarbeit erwischt wurde.
Schopenhauer und Kant philosophierten drei Stunden darüber, ob es paradox ist, wenn das Denkmal von Goethe durch die Bäume schillert.
Die Manns traten wieder im Rudel auf.
Heinrich brachte, wie immer, seinen Untertanen mit.
Golo erzählte mal wieder nur über Wallenstein und Thomas kam frisch vom Zauberberg.
Mitten beim Kaffee kann ein Schimmelreiter.

Herr Fontane ließe sich entschuldigen. Er käme gerade von einer Wanderung aus der Mark Brandenburg und wäre erschöpft. Jetzt läge er mit Effie Briest unter dem Birnbaum und genieße die Ruhe im Havelland.
Götz von Berlichingen nervte beim Abendessen mit seinem Zitatenschatz.
Schehezerade scheint länger bleiben zu wollen. Sie hat einen Butler mitgebracht. Was Scarlett O`Hara sofort veranlasste, abzureisen.
Und Dostojewski, dieser Idiot, hat von all dem mal wieder nichts mitbekommen

Ja, so ist sie

„Trara!" Meine Lebensabschnittsgefährtin schwenkte triumphierend einen Plastikausweis in ihrer rechten Hand. „Du siehst hier vor dir eine Person, die ab heute, sechzehnuhrdreiundfünfzig, dazu berechtigt ist, einen Personenkraftwagen der Klasse B, bis dreikommafünf Tonnen, zu führen!" „Na, denn! Willkommen im Club!" Ich gab ihr einen Kuss. „Ich hab doch immer gesagt, du schaffst es!" Innerlich tanzte ich Samba mit mir! Endlich vorbei, dieses ewige: „Kannst du mich mal abfragen?" Endlich vorbei die schlaflosen Nächte neben einem, vor Selbstzweifeln und Prüfungsängsten sich hin- und herwerfenden, Wrack. Halleluja! Ich hab meine Nachtruhe wieder! Äußerlich blieb ich gelassen. „Hab ich nicht immer gesagt, dass du einen starken Willen hast? Wenn du die Prüfung nicht schaffst, wer denn sonst?" Sie strahlte mich mit ihren rehbraunen Augen dankbar an. Liebe kann so einfach sein, mit den richtigen Worten. Für kurze Zeit. Beim feierlichen Abendessen in einem Lokal ihrer Wahl kam die Breitseite. „Jetzt brauch ich natürlich einen Wagen!" „Aber, wir haben doch einen Wagen!" „Falsch", retournierte sie, „Du hast einen Wagen!" „Aber du kannst ihn doch jederzeit benutzten. Schließlich gibt es so eine segensreiche Einrichtung, wie einen Zweitschlüssel!" „Ja, aber es ist dann trotzdem immer noch dein Wagen." „Wo ist der Unterschied?" „In der Versicherung! Ich habe mich erkundigt. Als Fahranfänger beginnt man mit zweihundertvierzig Prozent! Egal, wie alt man ist. Wie soll ich denn je von den Prozenten runterkommen, ohne eigenen Wagen? Du lebst ja schließlich nicht ewig. Glaubst du, ich will mit Sechzig noch anfangen, Prozente abzubauen?" Ich liebe ihre dezente Art, zu sagen: „Eh, du alter Sack! Du bist satte dreizehn Jahre älter, als ich. Wenn dich schon längst der grüne Rasen bedeckt, fange ich erst an zu leben!" „Dann lassen wir doch den Wagen auf deinen Namen laufen!" „Nein, das will ich nicht. Für mich wäre es dann immer noch dein Auto. Ich will etwas Eigenes!" „Dann hättest du ein Jodeldiplom machen müssen! (Anmerkung des Autors: Eingefleischte Loriot- Fans wissen, was ich meine. Meine LAG kannte den Gag). „Sehr witzig!" „Na, dann lach doch!" „Im Ernst jetzt! Verkauf du deinen Wagen und ich hol mir was Eigenes. Du arbeitest ja eh von zu Hause aus. Außerdem, wer wollte denn das Haus meiner Mutter behalten? Du doch! Ich wollte hier nicht rausziehen. Was meinst du denn, warum ich den Führerschein gemacht habe? Gewiss nicht aus Jux und Dollerei!" Ich ahnte, dass eine fürchterlich Zeit vor mir liegen würde, wenn ich jetzt nicht klein beigäbe. Nach einer längeren Kunstpause stellte ich meine Bedingungen. „OK! Aber! Es muss wieder ein Kombi sein, und zwar mit Schiebedach! Am liebsten Opel. TÜV neu, preiswert in der Versicherung. Und

nicht teurer, als viertausend Euro. Zum Üben und Kaputtfahren reicht das." Sie fiel mit um den Hals. „Versprochen! Werd du den alten los, ich kümmere mich um einen neuen!" Schweren Herzens suchte ich am nächsten Tag mehrere Händler auf. Ich war erstaunt, zu hören, mit welch einem Wrack ich die ganze Zeit unterwegs war. Wenn ich allen Händlern Glauben schenken durfte, hatte ich einen Radlagerschaden, flackernde Lenkung, miserable Bremsen, einen blinden Scheinwerfer und das Schlimmste, einen großen Kratzer auf der Tankklappe. Was für ein Glück, dass ich von all dem nichts bemerkt habe. Bis auf den Kratzer, natürlich. Letztendlich entließ ich mein Gefährt für zweitausend Euro in die Obhut eines vertrauenswürdig aussehenden Arabers. Inklusive meines altgedienten JVC- Radios.
Zwei Tage später klingelte mein Handy. „Du, Schatz, ich komme heute etwas später. Ich will mir ein Auto ansehen. Einen Opel Kombi. Mit Glasdach!" „Willst du dir den allein ansehen, oder kommt da noch jemand mit?" „Wie, jemand mitkommen? Meinst du, ich bin zu blöd, mir ein Auto anzusehen? Oder wie meinst du das? Traust du mir denn überhaupt nichts zu?" Gefährliches Glatteis! Ich war versucht zu sagen: „Im Gegenteil! Dir ist alles zuzutrauen!" Aber wer will schon eine Woche lang auf einer durchgesessenen Couch im Gästezimmer nächtigen. „Ich mein doch nur, nimm

einen Experten mit. Einen, der was von der Materie versteht!" „Und wer soll dieser Experte sein? Du vielleicht?" Hörte ich da einen leichten Spot in ihrer Stimme? Einen Anflug von Ironie? Warte nur! Diesen Bauchklatscher machst du allein! „Nein, mein Schatz. Mach, wie du es für richtig hältst!" Es hupte vor dem Haus. Stolz entstieg meine LAG ihrem neuen Gefährt. Einem weinroten Astra Kombi. Mit Glasschiebedach. „Sieht er nicht ein bisschen aus, wie dein Alter?" „Ja", sagte ich. „Und wie teuer?" „Etwas mehr, als viertausend." „Genauer bitte! Wie viel mehr?" „Siebenhundert." Hörbar entließ ich meinen Überdruck durch die Nüstern, steckte meine Hände in die Hosentasche und umrundete den Wagen. Ein schöner Anblick. Der Lack glänzte, Die Reifen frisch geschwärzt, TÜV neu. „Ist dir nichts aufgefallen, als du den Wagen zugelassen hast?" „Ich hab ihn nicht zugelassen. Das hat der Händler für mich gemacht. Aber nun lenk doch nicht immer ab! Schau doch! Ist er nicht schön? Fast, wie dein Alter!" Ich nahm die Frau meines Herzens in den Arm, gab ihr einen langen Kuss und seufzte: „Ja, Schatz. Du hast Recht. Fast, wie mein Alter. Sogar mit JVC- Radio und einem Kratzer auf der Tankklappe."

Autofahrer
Wenn sie es bis jetzt noch nicht wussten, Carl Friedrich Benz hat die erste wirklich funktionierende Zeitmaschine der Welt erfunden. Den Beweis dafür haben wir täglich vor Augen. Ein Mann setzt sich hinter das Volant seines PKWs, klickt den Gurt ein und dreht den Zündschlüssel um. Diese kleine Bewegung wirft ihn um Äonen in der Entwicklung zurück. In diesem Moment mutiert er vom Homo Sapiens zum Pan Paniscus. Das Kleinhirn dieses Übergangsaffen in uns schaltet in diesem Augenblick alles aus, was der Mensch in den letzten Jahrtausenden an Physik und Sozialverhalten je erlernt hat. All das wird auf einmal auf das Minimalste reduziert. Ab jetzt zählt nur noch eins! Imponiergehabe. Seit Anbeginn der Zeit hat nur der Stärkste überlebt. Oder der Dämlichste. Und irgendwann trafen diese Spezies aufeinander. Der Autofahrer ward geboren.
Hier einige Beispiele! Es fängt an mit dem Mann mit Hut. Garagenwagen, gehäkelte Toilettenrollenabdeckung auf der Hutablage. Oder ein Kissen mit aufgestickter Autonummer. Oder beides. Würde sich nie einen Kombi kaufen. Weil, keine Hutablage! Sein Lieblingsspruch bei einer Polizeikontrolle: „Mein Fahrlehrer hat mir das damals so beigebracht!" Gut, zu seiner Zeit hatten auch die meisten Leute einen Tennisarm vom deutschen Gruß und lernten auf einem VW Kübelwagen das

Fahren. Kein guter Grund, den Fahrstil von Annodunnemal beizubehalten. Und ein großer Verfechter des traditionellen Fahrens: „Wieso gegen die Fahrtrichtung? Ich bieg hier immer ab!" Und ignoriert gern §8 der StvO. „Was heißt hier Vorfahrt beachten? Neulich kam hier auch keiner!"
Dann kommt der Familienkutschenfahrer. Gerne Opel Zafira oder ähnliches. Bärchensonnenblenden in den hinteren Seitenfenstern sind das Markenzeichen. Hypergestresst, weil er sich mit drei bis vier Blagen auf einmal herumschlagen muss. Mit Babybrei auf der Brille und gehetztem Blick hält er sich gerne zwischen den Trucks auf der rechten Spur auf, um dann urplötzlich nach ganz links auszuscheren. Mutiert dann in kürzester Zeit zum Kamikazefahrer, weil die Zweitjüngste jetzt und sofort Pipi machen muss. Meist begleitet von einer ungepflegten, stillenden Mama, die ihr Äußeres und ihre Karriere der Familie geopfert hat. Eigentlich ist sie die wirkliche Beherrscherin des fahrbaren Untersatzes, muss sie doch ihre Brut unter der Woche mehrmals täglich kutschieren. Vom Blockflötenunterricht zum Reiten, vom Judo zum CVJM. Vom Schwimmen zum Makrameekursus für Fortgeschrittene. Und am Samstag die Älteste vom Landjugendball abholen. Möglichst noch vor der traditionellen Schlägerei zwischen zwei rivalisierenden Dorfjugendgruppen. Er, meist in öffentlichen Dienst oder wird seit zwanzig Jahren in

seiner Lehrfirma nicht für ganz voll genommen. Fährt unter der Woche mit dem Fahrrad in die Firma, um dann am Wochenende, mit konstanten Hundertzwanzig Stundenkilometern über die Autobahn, im Heidepark die Sau raus zu lassen. Äußeres Merkmal, der stilisierte Fisch der Christenheit als Autoaufkleber!
In den unteren Gewichtsklassen vertreten, ob getunter Fiat fünfhundert oder Renault Twingo, die Erben Walther Röhrls und die New Editions Schumacher. Sie lauern überall. Mit Sechzig durch die dreißiger Zone, rechts überholen, bei Hundertachtzig auf der zweiten linken Spur, dem sogenannten Grünstreifen? Kein Problem! Wohl keine Ahnung vom sportlichen Fahren, was? Kommentar in einem Fernseh- Interview von einem querschnittgelähmten zweiundzwanzigjährigen Autofahrer in der Rehaklinik: „Wer konnte auch das ahnen? Bei nur Ein Hundertzwanzig Km/h auf der Landstraße Aquaplaning. Gut, es hat in Strömen gegossen, aber ich hatte doch nagelneue Reifen drauf!" Demnächst versucht er mit seinem AOK-Chopper die Gesetze der Physik außer Kraft zu setzen!
Ob Poloclub Oberammergau oder Cinquecento-Freunde Klein- Twülpstedt, tiefer, schneller, lauter! Radstand zweimeterzwanzig! Am besten pro Zentimeter ein PS für meinen Seicento. Man hat ja sonst nichts vom eh so kurzen Leben. Unglaublich,

dass die größten Atheisten das meiste Gottvertrauen haben. Hauptsache schnell! Noch ein paar PS mehr! Und anscheinend das Bestreben, unter allen Umständen noch ein paar Millisekunden schneller tot zu sein, als der jüngst verunglückte Clubkamerad. Schlimmer noch sind die Wölfe im Schafspelz. Die vermeintliche Mittelklasse. Nur der Fachmann erkennt die Werks- Edition an den Details. Doppelter Auspuff, breitere Reifen, Sportfahrwerk, alles Dinge, die Ottonormalverkehrsteilnehmer nie so richtig wahrnimmt, jedenfalls nicht auf der Autobahn. Entweder fahren die Eigner dieser Karossen so dicht auf, dass man die Puschen eh nicht sieht, geschweige denn die, zur Unterstreichung des sommerlichen Flairs, eingeschalteten Nebelscheinwerfer, oder sie sind zu schnell am Horizont verschwunden, als das man je Gelegenheit gehabt hätte, die Endrohre zu zählen. Ein weiteres Merkmal: Bei zähfließendem Verkehr unterschreitet er seltenst den Höchstabstand von einem Meter zum Vordermann.

Die obere Mittelklasse unterscheidet sich nur wenig von der unteren, in der das Alter der PKWs eigentlich kaum eine Rolle spielte. Bisher zählte nur PS, egal, ob in Rostrot nature oder Perlmuttlack, Hauptsache Flensburg- München in sechs Stunden, davon fünfdreiviertel auf der linken Spur. Der Besitzer der Lower- Upperclass setzt hier schon mehr auf Bequemlichkeit. Und vor allen Dingen auf Sicherheit. Am besten ein Ganzkörper- Airbag. Schließlich soll`s ja nicht allzu weh tun, wenn man auf der Bundesstraße nach dem Überholen von fünf PKWs, hinter der Kurve plötzlich feststellen muss, dass der Schwertransport mit Überbreite auf der B4, der im Verkehrsfunk zwar gemeldet, aber im Navi nicht angezeigt wurde, schon unbequem nah ist. Für die erste Leasingrate deines SLK `s hat es ja gerade noch gereicht, da war eben ein Werksnavi nicht mehr drin. Scheiß auf Sicherheit! Das Neunundzwanzigeuroteil von Aldi mit lebenslangem freiem Update auf Andorra, Liechtenstein, Monaco und dem Vatikan erfüllt ja auch seinen Zweck.

Die Fahrer in der der Ober- und Luxusklasse könnte man unter Umständen auch an der noblen Kleidung erkennen, wäre das menschliche Auge ausgelegt für Warp 10. Denn das ist die Durchschnittsgeschwindigkeit von Mister Wichtig auf den gesamtdeutschen Bundesautobahnen. Mit der tiefeingepflanzten Gewissheit, dass Deutschland ohne sie rettungslos verloren wäre, käme er zu einem Termin auch nur zwanzig Minuten zu spät, und der absolut festen Überzeugung, die StvO gelte nur für PKWs mit weniger, als zweihundertachtzig PS, lichthupt sich jeder kleine Aushilfsvertreter für Plastikhaarspangen im firmeneigenen Dienst- Cayenne seinen Weg auf unseres Gröfatz Abm frei! Aber das Alles sind nur

Peanuts gegen einen soliden lettischen Vierzigtonner mit eleganten Slicks, der sich in den Kasseler Bergen seit vierzehn Kilometern ein atemberaubendes Rennen mit einem niederländischen Wohnwagengespann liefert. Viel Zeit und Muße für den entspannten Trucker, sich einen Kaffee zu kochen und den Lieben daheim in Riga schnell noch eine SMS zu schicken, weil er just im bordeigenen TV entdeckt hat, dass er Live im deutschen Fernsehen ist. Direkt vom ADAC-Hubschrauber gefilmt. Es ist nicht das Rennen gegen unseren holländischen Nachbarn, weswegen der Helikopter diese aufregenden Bilder überträgt. Es ist eher der Umstand, dass der Fahrer noch immer nicht bemerkt hat, dass ihm bereits zwei, von den ursprünglich vier tonnenschweren, Papierrollen abhandengekommen sind, die er geladen hatte, obwohl die in seiner Heimat so sorgfältig mit einer Wäscheleine gesichert wurden.
Oh tempore, oh mores! Vorbei, die Zeiten wo vor jedem verbrennungsmotorbetriebenen Fortbewegungsmittel ein Läufer mit roter Fahne die Allgemeinheit vor diesem Ungetüm warnen musste. Doch diese Zeiten kommen wieder. Zurück zum guten alten Hafermotor, in Fachkreisen auch Pferd genannt. Spätestens, wenn Benzin mangels Masse wieder nur in der guten, alten Apotheke zu haben sein wird, wenn Erdölmangel die Autokonzerne soweit schrumpfen lässt, dass sich alle Mitarbeiter

mit Vornamen kennen, wenn alle Autobahnen gerodet sind, um Anbauflächen für Hafer zu schaffen, dann ist auch unser Arbeitslosenproblem gelöst. Die wenigen, die sich noch einen PKW leisten können, brauchen dann wieder so einen Vorwarner mit roter Fahne, damit die Pferde nicht scheu werden. Aber das allein schafft nicht genügend Arbeitsplätze. Nein! In der jetzigen Zeit kann jeder Idiot ein KFZ bedienen. Oder auch anders ausgedrückt, die heutigen Autos sind ziemlich idiotensicher geworden. Einsteigen, Schlüssel drehen, losfahren. Aber mit einem Hafermotor sieht das alles ganz anders aus! Das heißt auf Hochdeutsch, die Manager, die heute mit ihren PS- schwangeren Prestigeobjekten die Autobahnen unsicher machen, sind dann zu dämlich oder zu degeneriert, um mit wahren Pferdestärken umgehen zu können. Ebenso der verklemmte Endvierzigerinnen- Marlene- Jaschke- Verschnitt, erkennbar an der unverkrampften Art, sich das Lenkrad an die Brust zu pressen und zwecks besserer Sicht die Nasenspitze an die Windschutzscheibe zu drücken. All diese netten Mitmenschen werden dann eins benötigen: Kutscher! Denn all die Schrauber und Mechatroniker, Benzin im Blut und Maschinenöl als Eau de Cologne, werden umschulen müssen zum Pferdelenker, mussten sie doch entsetzt feststellen dass man Trakener nicht tiefer legen kann.

Höchstens beim Schlachter. Dieser altehrwürdige Beruf des Kutschers also wird binnen kürzester Zeit derart an Prestige gewinnen, dass die Sozialpyramide droht, umzukippen. All die frustrierten Hartz4- Empfänger von heute haben dann endlich wieder eine Zukunft! Und was nicht Kutscher werden will, geht in die Landwirtschaft. Denn unsere neuen Pferdestärken benötigen handfesten Betriebsstoff und der muss schlichtweg angebaut werden. Von deutschen Landen frisch in den Stall! Und wer sich da nicht etablieren kann, macht in Straßenreinigung. Hier kackt das gute, alte deutsche Pferd persönlich und nicht irgendeine asiatische Reisschüssel verpestet die Umwelt. Denn etwas Gutes hat die ganze Sache doch. Wir werden nie wieder frieren müssen in Deutschland. Damit unser Land nicht bis zum Stehkragen zugeschissen wird, von all den Zossen, benötigen wir zwecks Entsorgung der Hinterlassenschaften Biogasanlagen noch und nöcher. Auch das schafft wieder Arbeitsplätze. Und für die ewig Gestrigen entsteht ein neues Paradies. Deutschland, einig Vaterland. Was Hitler und Ulbricht nicht geschafft haben, erledigt im Vorbeigehen die Natur. Endlich der wahre Arbeiter- und Bauernstaat, endlich wieder Herr über die deutsche Scholle. Hervorgerufen durch den schnöden Mangel an etwas älteren vergammelten Farnen, Bäumen Fischen und Krebsen, landläufig auch Rohöl genannt.

Sinnlos
Seh ich die schweren Nobelkisten
rasen, wie auf Rallyepisten,
fahr ich gelassen heiter weiter.
Ich bin nicht so ein wackrer Streiter,
der die Straße für ein Schlachtfeld hält.
Ich fahre sinnig, spar mein Geld.
Komm ich dann an die Ampel ran,
stehn sie schon da, Mann für Mann.
Lassen die Zeit, die sie eingespart
nach jedem kühnen Ampelstart,
sinnlos an sich vorüberziehen.
Denk ich in mir, das Benzin,
was man planlos durch den Auspuff jagt,
hat nur einen Sinn. Denn ungefragt
wird dadurch so`n arab`scher Scheicher
mal wieder um ein Stückchen reicher.

Freunde bleiben

Jetzt sitz ich hier am Rechner. Nach dem Genuss einer Flasche billigsten Erdbeersektes erfüllt mich die Sehnsucht nach der Vergangenheit. Ich sehe mir eine Internetseite an, die verheißt, dass man Freunde bleiben soll. Ein irrführender Name, wie ich feststellen muss. Wenn wir Freunde geblieben wären, bräuchten wir uns jetzt nicht im Internet zu suchen.

Die Neugier auf alte Klassenkameraden und Verflossene treibt mich. Eine sadistische Neugier. Was ist aus dem, was aus der geworden. Wer hat Erfolg gehabt, wer nicht? Blödsinnige Frage! Führe ich auf den Erdbeersekt zurück. Versager werden sich nicht auf solchen Seiten zur Schau stellen. Wer will denn schon als ein solcher gelten. Allerdings ist es erstaunlich, dass die ehemaligen Mitschüler, die es sich doch trauen, nie ein aktuelles Foto von sich einstellen. Wohl zu groß, der Vorher- Nachher-Effekt. Von mir weiß ich, dass ich mein Volumen innerhalb der letzten vierzig Jahre verdoppelt habe. Ich habe auch kein Problem damit, es andern Leuten zu zeigen. Na gut, erfolgreich, im Sinne von Karriere, war ich wohl nicht sonderlich. Aber es ist mir schon ein innerer Reichsparteitag, ihnen zu zeigen, ich lebe noch und bin so direkt und unangenehm, wie eh und je. Im Laufe meiner Recherchen habe ich keine ernsthaften Kontakte zu alten Klassenkameraden wieder aufgetan. Mag sein, dass ich mit meiner Vergangenheit zu kritisch umgehe. Mag sein, dass ich zu oft das Kind beim Namen nenne. Wenn sich vor vierzig Jahren jemand charakterlich als Arschloch geoutet hat, muss ich denn heute herausfinden, ob Saulus zum Paulus geworden ist? Nur weil wir uns, laut Schulgesetz, gemeinsam einen Klassenraum und die Lehrerin geteilt haben? Zweifelhaft, das Bju, der mir immer mit dem Lineal auf die Finger gehauen hat, wohlgemerkt mit scharfen Kante, heute mein Busenfreund sein könnte. Oder das die frühreife Ingrid sich, in der ich verknallt war, mir jetzt schöne Augen machen würde. Nein, wenn ich diese Internetseite aufrufe und dafür auch noch Geld bezahle, will ich sehen, wie die anderen alt geworden sind. Ich will die Falten zählen an den Hälsen unserer Klassenschönheiten, will abschätzen, ob Hans oder Franz mehr zugelegt haben, als ich. Will mich daran ergötzen, dass Ralph, der einst die längsten Haare hatte in der Klasse, jetzt einer Tonsur ähnlichen Haarpracht sein eigen nennt. Will spekulieren darüber, warum die flachbrüstige Petra jetzt einen Atombusen vor sich her schiebt. Will einfach nur die schnöde Genugtuung haben, nicht als einziger gealtert zu sein! Es bleibt aber nicht aus, dass man sich mit einigen Leuten austauscht und dann mit weniger schönen Tatsachen konfrontiert wird. Wenn das Mädchen, von der du in der sechsten Klasse geschwärmt hast, Krebs hat. Wenn du erfährst, dein bester Jugendfreund ist abgesackt. Sucht als Ersatz für seine miese Kindheit bei Mutter Tetrahydrocanabinol seinen Trost. Und dann erinnerst du dich auch wieder an Bettina, die sich umgebracht hat, weil sie zum zweiten Male sitzen geblieben ist. Oder an den schönen Jens, den Klassenmacho, wie er dir bei einem Lehrgang morgens um zehn Uhr volltrunken entgegen getorkelt kam. Mag Freunde bleiben ja eine nette Einrichtung sein, Freunde werden wohl die wenigsten wieder werden. Zu verschieden die Richtungen, in die man auseinander gedriftet ist. Zu verschieden die Leben und Schicksale, von der höchsten Karriere bis zum tiefsten Fall. Good enough to ride the sentimetal jouney. Ein Blick in die Vergangenheit, mit einer Träne im Knopfloch.

Wir haben das Staunen verlernt
Kein Mensch kann heutzutage mehr nachvollziehen, wann der erste Höhlenmensch erstaunt feststellte, dass man sich und andere mit spitzen Steinsplittern verletzen kann und so die ersten Waffen entstanden sind. Auch gibt es keine Überlieferung darüber, wann der erste Mensch auf die Idee kam, Baumscheiben „Rad" zu nennen und an eine Achse zu nageln. Zwischen diesen bahnbrechenden Erfindungen und Heute liegt eine lange Zeit des Staunens und Entdeckens. Was so anscheinend profan begann hat uns aber immerhin bis in das Computerzeitalter gebracht. Und das ist das Erschreckende daran. Ständig werden wir mit Innovationen der neuesten Technik bombardiert, dass es einen graust. Was eben noch modern war, ist schon nach wenigen Monaten veraltet. Zwischen der Erfindung der ersten richtigen Dampfmaschine und dem Auto lagen zwei Jahrhunderte. Zwischen der ersten Glühlampe und dem ersten öffentlichen Fernsehsender nur noch knapp achtzig Jahre. Das waren Erfindungen, die die Welt zum Staunen brachte. Heute ist es für uns normal geworden, immer und überall erreichbar zu sein und wir nehmen das für selbstverständlich hin. Wir haben das Staunen verlernt. Nichts technisches mehr kann uns kaum länger, als ein paar Minuten in den Bann ziehen. Wenn jemand vor kaum zwanzig Jahren dümmlich grinsend, mit einer Hand am Ohr,

plötzlich hell auflachend oder gar wütend schimpfend, eine Straße entlang gelaufen wäre, hätte derjenige spätestens eine viertel Stunde später eine dieser kleidsamen weißen Jacken der städtischen Irrenanstalt anprobieren dürfen. Heutzutage gilt man als Exot, wenn man nicht, auf sein Handy starrend, hilflos durch die Gegend tappt. Als achtzehnhundertfünfundzwanzig die Stockton and Darlington Railway in England die erste öffentliche Eisenbahn in Betrieb nahm, begann unter den Wissenschaftlern aller Nationen die große Diskussion, ob der menschliche Körper überhaupt dazu geschaffen sei, mehr als fünfundzwanzig Kilometer pro Stunde über längere Zeit zu überleben. Heute ist das die Durchschnittsgeschwindigkeit eines Fahrradkuriers, der sich durch den Asphaltdschungel deutscher Innenstädte jongliert. Als Daguerre mit seiner etlichen Kilogramm schweren Kamera auf der Schulter die Vororte Paris durchstreifte, um minutenlange „Schnappschüsse" zu machen, war das innovativ. In der gleichen Zeit macht eine heutige digitale Spiegelreflexkamera hunderte von Aufnahmen und verschickt sie auch noch per E-Mail in alle Welt. Die Technik entwickelt sich unaufhaltsam in immer kürzeren Intervallen. Zwischen dem Auftauchen des ersten Kassettenrekorders und dem Walkman lagen knapp sechzehn Jahre Entwicklungszeit. Im gleichen Jahr, wie der Walkman, tauchte auch die erste CD auf dem Markt auf. Mit dem Erscheinen der ersten CD-Brenner für den Computer wurden neunzehnhundertdreiundneunzig die CD-Player der herkömmlichen Bauart für die meisten Menschen wertlos, da die selbstgebrannten Medienträger auf der heimischen Stereoanlage nicht abzuspielen waren. Sie schafften sich dann die neueren Geräte an, die den aktuellen Anforderungen genüge taten. Doch viel zu früh, wie sich schnell herausstellte. Knapp drei Jahre später, neunzehnhundertsechsundneunzig, wurde der CD- Brenner von dem viel leistungsfähigeren DVD- Brenner verdrängt. Wieder kamen neue Abspielgeräte auf dem Markt, die alle Formate abspielen können. Nur sechs Jahre später kam die erste Blu-Ray- Disc auf den Markt. Wieder rannten Innovativ- Junkies die Fachgeschäfte nach den neuesten Geräten ein. Eine solche Apparatur spielt jetzt Blu- Ray, DVD-, DVD+, DVD-RW, DVD+RW, CD, beschreibbare (nicht brennbare CDs, jede CD kann brennen), wiederbeschreibbare CDs ab und ersetzt ihnen auch noch den Diaprojektor, wenn sie ihre Lieben auf Polycarbonat gebrannt haben. Jetzt heißt es nur noch zurücklehnen und die Dia- Slightshow oder den Spielfilm von der DVD genießen. Natürlich über eine Dolby- Surround- Anlage. Vorausgesetzt, sie nennen ein Eigenheim in der Walachei ihr Eigen. Im sozialen Wohnungsbau würden sie ansonsten schwer Ärger bekommen, wenn sie das Batmobil in voller Lautstärke von links nach rechts durch ihre gute Stube düsen lassen würden. Was nutzt schon eine Dolby- Surround- Anlage, wenn man sie nicht voll auslasten kann? Wenn sie allerdings nur Musik hören wollen, sind sie mit einem MP3- Player bestens bedient. Um etliches leichter als Walkman und tragbare CD- Player und ohne den ärgerlichen Aussetzern auf holpriger Joggingstrecke, da mechanische Teile, bis auf die wenigen Schalter und Regler, reduziert sind, erleichtert dieses Leichtgewicht uns das triste Alltagsleben, wo immer es möglich ist. Auf Schritt und Tritt begegnen wir diesem Gerät. Nicht, dass es so deutlich sichtbar wären, wie einst seine Vorgänger. Nur die Anwesenheit eines Kabels lässt erahnen, dass so ein moderner Datenträger in der einen oder anderen Tasche im Verborgenen seinen Dienst tut. Allerdings, wer es sich leisten kann, trägt natürlich einen Bluetooth-Kopfhörer zu seinem High- Tech- MP3- Designer- Modell. Man kennt sie ja, die Inno- Freaks, als Mr. Spock- Imitate Bluetooth im Ohr, mit wehenden Schlips, im Maßanzug auf dem Kickboard durch die Frankfurter Innenstadt cruisend, den nächsten Subway- Laden ansteuernd, um der erstaunten Welt zu zeigen, was ein wirklicher Trendsetter ist. Unsere heutige Jugend hat es wesentlich leichter, als unsere Generation. Wir verbrachten unsere halbe Pubertät auf den

Knien liegend vor der Philips- Musiktruhe, um jede Silbe vom „Nowhereman" und „I am the walrus" der „Fab four" aus Liverpool in gemäßigter Lautstärke in uns aufzusaugen, weil die Generation unserer Erzeuger diese Art von Musik immer noch als „Negermusik" betitelte und als Lärm empfand. Was mir immer sauer aufstößt, setze ich diesen Ausdruck doch mit „entarteter Kunst" gleich. Beides Ausdrücke aus den weniger ruhmreichen Zeiten unseres Staates!
So ein Musikmöbel beinhaltete meistens ein Röhrenradio und einen Zehnerplattenwechsler. Das Radio hatte eine faszinierende Einrichtung. Das magische Auge. An der Vorderseite des Radios, meistens unter der Tastatur angebracht, starrte dieses unheimlich anmutende Objekt mit seinem giftig- grünen Blick drohend den lauschenden Radiohörer an. Man stelle sich diese Sendersuchhilfe etwa wie die Libelle einer Wasserwaage vor. Drehte man an dem Sendersuchknopf, veränderte sich, je nachdem, wie gut der Sender zu empfangen war, die „Pupille" des Auges. Bei sehr gutem Empfang zeigte das „Auge" in der Mitte nur einen kleinen, schwarzen Strich, umgeben von hellstem Kobaldgrün. Zwischen den Sendern vergrößerte sich die schwarze Pupille und zeigte dem Benutzer an, dass er sich noch weiter um besseren Empfang bemühen muss. Wir Kinder damals liebten es, den Senderknopf, der mit einem

Schwungrad versehen war, in schnellste Drehungen zu versetzen, um das Magische Auge zum Flackern zu bringen. Besonders im Dunkeln eine beeindruckende Lightshow. Bei Zehnerwechslerplattenspielern wurden die Schallplatten übereinander auf eine Achse gesteckt. Maximal zehn Stück, wie der Name schon sagt. War eine Venylscheibe zu Ende, hob sich der Tonarm und durch einen ausgeklügelten Mechanismus bewegte sich eine kleine Nase auf der Steckachse zurück und ließ genau eine Schallplatte nach unten fallen. Oh, Wunder der Technik! Woher der Plattenspieler überhaupt wusste, warum er genau nur eine Platte fallen zu lassen hatte, habe ich bis heute nicht rausgekriegt. Der Vorteil eines Wechslers lag klar auf der Hand. Man bestückte den Spieler mit zehn Platten, egal, ob Single oder LP, und konnte dann eine gewisse Zeit Musik hören, ohne jedes Mal eine dieser Scheiben neu auflegen zu müssen. Das Ganze hat, wie eine Schallplatte, natürlich zwei Seiten. Wollte man, sagen wir mal Vivaldis „Vier Jahreszeiten", hören, kam nach dem Sommer eventuell der „Ring der Nibelungen", der dann nach der ersten Hälfte von der „Fledermaus" abgelöst wurde. Das wiederholte sich natürlich in umgekehrter Reihenfolge, wenn man den Stapel dann später umdrehte. Enthusiasten und Reiche kauften sich die

LPs doppelt, um eine Oper ohne nennenswerte Pause hören zu können.
Das ständige Fallenlassen und Wiederauflegen machten die Musikträger natürlich nicht besser. Eine weitere Belastung der Rillen war der Tonarm. Mit mehr als zwanzig Gramm war er ein richtiger Plattenfresser. Böse Menschen behaupteten damals, dass sie nach dem dreißigsten Abspielen einer Schallplatte nur noch eine Spirale vom Plattenteller genommen haben. Für ganz Schlaue: Wie viele Rillen hat eine Schallplatte? Richtig! Zwei! Eine auf der Vorderseite, eine auf der Rückseite. Die Kinder der finanziell besser gestellten Eltern hatten 1963 schon einen dieser sauteuren Mono-Kassettenrekorder, die gerade auf dem Markt erschienen waren. Eine Generation später trat der Ghettoblaster den Siegeszug in die Kinder- und Jugendzimmer an. Eine Kombination aus Radio, Cassettendeck und großdimensionierten Lautsprechern. Das Ganze mit einem versenkbaren Griff versehen und durch Batteriebetrieb netzunabhängig. Lässig auf der Schulter getragen, mit „Smokie" oder „Bachmann, Turner Overdrive", kurz „BTO" auf dem Tape, dröhnte sich so mancher „Boy" in so manches Herz eines scheuen Teeniegirls. Bei extrem großen Ghettoblastern wurde dann gerne mal gelästert: „Sei froh, dass Du dir keinen Turm gekauft hast. Was meinst du, was Du jetzt schleppen müsstest!" Der eben erwähnte

„Turm" bestand meistens aus den Komponenten Receiver, (Verstärker mit Radioempfangsteil) wahlweise auch Amplifier (Laien sagen auch Verstärker dazu) und Tuner (Radioempfänger ohne Verstärker), Tapedeck (Cassettenrecorder), oder neuerdings auch Doppeldeck. (Tapedeck mit Kopierlaufwerk). Ein „Turntabel", also ein Plattenspieler war die Krönung der Hifi- Anlage. Natürlich mit Magnetsystem und Stroboskop ausgestattet, das dazu diente, per „Pitch" auf den Punkt genau dreiunddreißigeindrittel Umdrehungen per Minute einzuregeln, war er meistens das zweitteuerste Gerät eines Stereo-Freaks. Das teuerste waren und sind immer noch die Boxen. Die machen es erst einer Stereoanlage möglich, die in den Komponenten verborgene Musik und Geräusche an die Umwelt abzugeben. Bessere „Tower" verfügten auch über einen Equalizer. Damit konnte man über etliche Regler die Frequenzgänge der Kanäle individuell anpassen, quasi im Weg stehende Möbel einfach wegmischen. Diese Komponenten standen, übereinander gestapelt zu einem „Turm", in einem „Rack". Billige Tower erkannte man daran, dass sie sehr viele bunte Lichteffekte hatten und die Abstände, die sich naturgemäß ergeben, wenn man Dinge mit Füssen übereinander stapelt, nur angedeutet waren. Ein Blick auf die ungeteilte Rückwand zeigte, dass der

Turm aus einem Stück war, die einzelnen Teile also nur ein Fake.
Unsere heutige Generation hat es in dieser Beziehung also wesentlich leichter. Keine Ghettoblaster drücken die zarten Teenagerschultern, keine Walk- oder Discman schlenkern störend an den Hüften und zu Hause steht statt eines Racks eine Heimkinoanlage mit unscheinbaren Satellitenboxen. Der Subwoofer steht irgendwo hinter der Gardine und das Steuergerät kommt (noch) mit allen Formaten klar. Wenn die Entwicklung genau so rasant in allen anderen Bereichen der Industrie, wie in der Elektronik- und Computertechnik, fortgeschritten wäre, könnten unsere Flugzeuge heute mit Überschallgeschwindigkeit in fünf Metern Höhe in einer halben Stunde über den Atlantik rasen und, wenn man den Preisverfall mit berücksichtigte, wäre ein VW- Golf für zehn Euro zu haben.
Vorbei die Zeiten, wo Kinder beim Fernsehen als Fernbedienung der Eltern fungierten: „Schalt mal um!" Oder die Standartfrage vor den Schwarzweiß-Gerät: „Was gibt`s denn auf dem anderen?"
Gemeint war natürlich das andere Programm. Wenn man nur zwei Programme, ARD und ZDF, hat, ist eins davon zwangsläufig immer das „andere"! Was die Entscheidung aber auch erheblich vereinfachte.
Vorbei die Zeit, wo Oma vom penetranten Fiepen nach dem Sendeschluss geweckt wurde. Ja, so

etwas gab es einmal! Sendeschluss! Das war unter der Woche meistens so gegen ein Uhr nachts. Es ging erst wieder um zehn Uhr morgens mit den Wiederholungen des Vortages weiter. In der Sendepause wurde das Testbild gesendet. Damals gab es noch Sprüche, wie: „Du solltest zum Fernsehen gehen! Als Testbild!"
Mitte der achtziger Jahre waren wir Könige! Fünf Programme. Ok, mehr Programmtasten hatten die meisten Fernseher damals ja auch gar nicht. Aber, immerhin in Farbe. Wenn das Herr Nipkow geahnt hätte, was aus seiner simplen Scheibe alles entstehen würde. Vielleicht hätte er seine Erfindung in weiser Voraussicht vernichtet. Woody Allen hat neunzehnhundertdreiundsiebzig in seinem Film „Der Schläfer". das Thema Fernsehen auf den Punkt gebracht. Der Titelheld, Woody selbst, wird Anfang der siebziger Jahre des letzten Jahrhunderts aus Versehen eingefroren und erst Zweitausendeinhundertdreiundsiebzig, nach einem allesverändernden Atomkrieg, wieder aufgetaut. Als letzter Zeitzeuge der vergangenen Epoche musste er die Wissenschaftler der Zukunft über technische Relikte seiner Zeit aufklären. Signifikanter Weise ließ er die Herren in dem Irrglauben, dass das Fernsehen eine Foltermethode für politische Gefangene sei.

Vertrauen
Wenn der Wind von Osten weht,
ist die Trauer wieder da.
Die große Trauer, hier.
Die große Trauer tief in mir.
Ach, könnt ich dir beschreiben,
was dann in mir geschieht.
du würdest mit mir leiden.
Sehen, was mein Herz nur sieht.
Würdest meine Tränen weinen,
mit durch meine Ängste gehen,
Wärst meiner Schmerzen eigen
könntest meine Wunden sehn.

Wenn der Wind von Westen weht,
ist die Hoffnung wieder da.
Die große Hoffnung, hier.
Die große Hoffnung tief in mir.
Ach, könnt ich dir beschreiben,
was dann in mir geschieht,
Du würdest mit mir lachen,
sehn, was mein Herz jetzt sieht.
Du würdest mit mir tanzen,
mit durch meine Träume wehn.
Du würdest bei mir liegen
und würdest mich verstehn.

Der Wind, der kam von Süden her,
brachte mir den Mut zurück

Ich bin sehr mutig, hier.
Ich bin so mutig tief in mir.
Denn ich habe dir beschrieben,
was tief in mir geschah.
Du hast es verstanden
und jetzt bist du mir nah.
Ich zeigte meine Blöße,
dir meine weiche Flanke hin.
Du zeigtest deine Größe,
und nimmst mich, wie ich bin.

Wenn der Wind von Norden weht,
kann uns beiden nichts geschehen.
Eine große Stärke ist in mir,
eine große Stärke tief in dir.
Durch unserer großen Liebe
schmilzt der Eiswind schnell dahin.
Erst mit einer wahren Liebe
hat das Leben seinen Sinn.
Drum stehen wir zusammen,
auch in tiefster Eisesnacht.
Ohne Furcht und Bangen,
nur durch der Liebe Macht.

Amok

Es lief gerade ein Film über einen Amoklauf in einer amerikanischen Schule im Fernsehen. Dreizehn Todesopfer. Im Hinterkopf habe ich noch die Tat von Winnenden. Ich habe versucht mich in die Täter hinein zu versetzen. Auch ich wurde in der Schule gehänselt und gemobbt. Aber der Gedanke, mich an irgendjemanden rächen zu wollen oder gar einen zu töten, ist mir nie gekommen. OK, das ist fast fünfzig Jahre her. Umwelten und Mentalitäten verändern sich. Die Wut verstehe ich, die Tat nicht.

Da geht also ein junger Mann schwer bewaffnet in die Schule, mit dem festen Plan, jeden zu töten, der ihm über den Weg läuft. Der Hass wallte und brodelte über Jahre hinweg in ihm und jetzt hat er die Phase erreicht, wo er meint, ES nicht länger ertragen zu können. Was genau ES ist oder sein könnte, kann er nicht wirklich definieren. Aber ES ist da und ES will raus! Und wenn es sein muss durch einen Gewehrlauf. Mein erster Gedanke war, als ich hörte, dass sich der Amokläufer selbst gerichtet hatte, dieser Feigling! Zu feige, um für seine Tat gerade zu stehen. Doch dann begann ich, genauer darüber nachzudenken.
Ein junger Mann läuft wutentbrannt in ein Schulgebäude. Sein Adrenalin ätzt ihm fast die Adern weg. Da! Die Sekretärin! Die war doch immer so arrogant! Er drückt ab. Ein Knall! Sie stürzt. Er

rennt weiter. Da! Der Junge! Hatte er nicht neulich über ihn gelacht, als er gestolpert ist? Er schießt. Der Junge lacht nie wieder! Weiter. Türen gehen auf. Lehrer stecken ihr Köpfe hinaus. Peng, peng, wieder zwei weniger. Schreie, Türenschlagen. Er schießt auf alles, was ihm vor die Flinte kommt. Dann wird es ruhiger. Die Schüler und Lehrer haben sich irgendwo in Sicherheit gebracht. Im ersten Stock versuchte er die Tür zu seinem Klassenraum aufzustoßen, verbarrikadiert! Fast ohnmächtig vor Zorn ballert er das gesamte Magazin in diese verdammte Tür. Polizeisirenen! Er hastet weiter, in den zweiten Stock. Er lädt nach. Vom Fenster aus sieht er laufende Kinder und Lehrer. Er schießt von oben herab auf sie. Wie beim Scheibenschießen. Verbittert lacht er auf. Das alles ist, wie er es sich immer in seinen tiefsten Träumen vorgestellt hatte. Alles! Genau so! Nur eines fehlt! Der Kick! Die erlösende Befreiung seiner Wut! Seiner grenzenlosen Seelenqualen, die sich so viele Jahre in ihm aufgestaut hatten! SIE KOMMT NICHT!!!!! Wo, zum Teufel, bleibt das Gefühl der Genugtuung? Wo bleibt der Triumph, auf den er so lange gewartet hatte? Wo bleibt die Erfüllung seiner Rachegelüste? Wo bleibt sie?? Sie kommt nicht!!!!! Er ist enttäuscht. Bitter enttäuscht sogar. Er hatte sich so schön ausgemalt, wie er höhnisch lachend, auf den Dach der Schule tanzend, der Welt ins Gesicht spucken würde. Stattdessen steht er hier, am offenen Fenster, sieht die blutenden Kinderleichen auf dem Schulhof liegen. Sein Werk! Seine Tat! Und das Triumphgefühl stellt und stellt sich nicht ein. Er fällt in ein tiefes, dunkles Loch. Ihm wird plötzlich klar, was er angerichtet hat! Dass er viele unschuldige Leben auf dem Gewissen hat. Ihm wird bewusst, dass er getötet hat, weil er sich geirrt hat. Weil er dachte, sich so Genugtuung verschaffen zu können. Aber dem ist nicht so! Jetzt erst wird ihm das Ungeheuerliche seiner Tat klar: Die Menschen, die er erschossen hat, sind tot. Sie stehen nicht mehr auf! Es gibt keinem nächsten Level für sie. SIE SIND TOT!!!!!!!!!!! Tot, weil er gedacht hat, es ist eine Lösung, zu töten. Und jetzt ist er ein Mörder! Ein Massenmörder sogar! Und das alles nur, weil ihn sein Hass so blind gemacht hatte. Blind für sein eigenes Leben.

Polizisten umstellen das Gebäude. Gehetzt läuft er die Treppen hinab zum Hinterausgang. Über den Schulhof, über den Sportplatz. Erschöpft bleibt er zwischen den Büschen liegen. Er sieht die Polizisten, wie sie ihn langsam einkreisen. Er will nicht mehr fliehen! Er kann nicht mehr fliehen! Es gibt keinen Platz mehr für ihn auf dieser Welt. Kein Platz auf dieser verdammten Welt, wo er sich verstecken könnte. Verstecken vor dieser Schuld, dieser grenzenlosen Schuld. Mea culpa, mea culpa, mea maxima culpa! Ihm wird klar, dass er sich jetzt selbst richten muss. Ihm wird aber auch klar, dass er sich jetzt vor Gott zu verantworten hat. Er hat nie an ihn geglaubt. Aber jetzt, zwei Sekunden vor seinem Tod, hofft er doch, dass es ihn gibt. Und dass er ihm verzeiht. Ihm verzeiht, dass er sich geirrt hat. Dass er gedacht hatte, töten ist besser, als über seine Probleme zu reden. Und er weiß, es gibt kein Zurück! Ich möchte den Menschen, die so einen Amoklauf planen, eins zu Bewusstsein führen: Ein Amokläufer ist nie ein Held! Wehrlose zu töten wird auch nie eine Heldentat sein. Im Leben bestehen, ein aufrichtiger Mensch zu sein, ist schwerer, als einen Abzug durchzuziehen. Auch wenn man nicht immer everybodies Darling sein kann, lohnt es sich doch, zu leben. Der erste Mensch, der bei so einem Amoklauf stirbt, bist immer du selbst! Und das schon viel früher! Schon lange, bevor du die Tat begangen hast. Allein der Gedanke, jemanden töten zu wollen, tötet die Liebe in dir. Und stirbt die Liebe in dir, stirbt deine Seele. Du wirst irgendwo in aller Stille begraben werden, damit niemand weiß, wo du beerdigt bist. Damit niemand auf dein Grab spucken kann, oder gar tanzen. Und es will auch niemand wissen, wo du liegst. Für den Rest der Menschheit bist du Abschaum. Abschaum, der es nicht wert ist, in geweihter Erde begraben zu sein. Es wird auch niemand da sein, der einmal vor deinem Grabstein stehen wird und liebevoll an dich denkt. Der sich vielleicht zärtlich an dich erinnert. Der um dich weint und dich vermisst. Du wirst nichts mehr sein, als ein Stück Rasen, auf dem sich die Krähen um einen Regenwurm zanken. Doch du kannst dich ja frei entscheiden zwischen einem Amoklauf und einem frühen, unrühmlichen Tod und der Möglichkeit, dass man dir vielleicht einmal ein Denkmal setzt. Du nimmst dir durch so eine Tat ganz einfach selber die Möglichkeit, einmal ein berühmter Pianist zu werden, oder Sänger oder Wissenschaftler. Oder auch nur ein liebevoller Vater mit einer Frau, die du liebst und vor allen Dingen, die dich liebt. Damit kannst du dir selbst ein Monument errichtet. Im Herzen deiner Lieben! Die Theologen haben den Begriff „Hölle" neu definiert und da wirst du, als Amokläufer, zweifelsohne enden. Die lutherische Version mit Teufeln, Höllenfeuer und Rauch und Schwefel ist überholt. Die neue Hölle ist viel grausamer. Es ist ein Ort ohne Liebe und voller Einsamkeit. Egal, wohin du dich wendest, du wirst niemanden begegnen. Deine Seele hastet ruhelos durch die Einöde auf der Suche nach Liebe und Geborgenheit, doch du wirst für immer allein sein. Bis in alle Ewigkeit.

Jetzt ist die Ewigkeit ein abstrakter Begriff für die meisten unter uns. Ich versuche, ihn einigermaßen begreiflich zu machen. Ein kleiner Vogel fliegt jeden Tag auf den Mount Everest und wetzt sich seinen Schnabel an ihm. Ist dieser gewaltige Berg durch sein wetzen abgetragen, ist erst eine Sekunde der

Ewigkeit vergangen. Überleg es dir, ob du im Jenseits in dieser Hölle dahin vegetieren willst, in der es bis in alle Ewigkeit keine Liebe mehr gibt, oder ob du in einer Welt leben möchtest, in der du zwar Probleme hast, die sich aber lösen lassen. Mit den richtigen Freunden und Gesprächspartnern an deiner Seite. Viele fragen, warum Gott so eine Tat zulässt. Aber man kann nicht immer Gott alles anlasten. Es heißt doch „Gottvater". Aber kein halbwegs vernünftiger Erwachsene wird für die Probleme, die er in seinem Leben hat, zu seinem Vater laufen und ihn anschreien: „Du bist Schuld, du hast das zugelassen". Warum verlangt ihr das dann also von Gott? Er ist unser Freund, aber er hat aber nie gesagt, dass er uns von unserer Eigenverantwortung befreit. Er hat uns durch Jesus mitteilen lassen, Liebe deinen Nächsten, wie dich selbst. In dieser Zeit, wo dir der Nächste egal ist, auch wenn es der nächste Verwandte ist, in dieser Zeit, wo Schein mehr bedeutet, als sein, bietet er euch seine Hand. Er leitet. Aber für euer Tun und Handeln seid ihr selber verantwortlich! Mörder hat es schon seit Kain und Abel gegeben. Daran wird sich wohl auch erst einmal nichts ändern. Aber dafür zu sorgen das ich nicht auch zu einem werde, oder Du oder dein Nächster, das kann ich nur selber tun.

Wenn die Apfelbäume träumen
Wenn die Apfelbäume träumen
ist der Sommer nicht mehr weit.
Dann segle ich auf Blütenschäumen
hin in die Unendlichkeit.

Reite auf den Sonnenstrahlen
in ein unbekanntes Land.
Fliege ohne Leid und Qualen
über Meer und weißem Strand.

Lasse meine Seele fahren,
tanz mit den Nereiden.
Losgelöst von dunklen Tagen,
hin zu Trost und Freuden.

Wenn die Apfelbäume träumen
weck ich sie ganz sachte auf.
Sauge mit den Blütenschäumen
den holden Frühling in mich auf.

Werfe ab die Winterpelze,
seh die Blumen sprießen.
Wie ein Bach zur Frühlingsschmelze
spring ich durch die Wiesen.

Wenn auch mein Leib begraben liegt,
meine Seele ist jetzt frei.
Unbekümmert fliegt sie nun
in den immergrünen Mai

Jenseits vom Diesseits

Ich sah neulich einen Fernsehbericht über Nahtoderlebnisse. Eine junge Frau hatte einen Herzstillstand auf dem OP- Tisch. Sie verließ ihren Körper, ging auf das weiße Licht zu und traf auf ihre verstorbenen Großeltern. Die Freude war groß. Genau, wie diese unendliche Ruhe, die alle Personen umgab. Keine Stille. Richtige seelentiefe Ruhe. Leider, so die junge Frau nach dem Aufwachen, musste sie zurück ins Leben. Dieses Bedauern wird von Leuten mit Nahtoderfahrung immer wieder erwähnt. Diesen innigen Frieden wieder verlassen zu müssen fällt ihnen immer besonders schwer. Es gibt Wissenschaftler, die sind davon überzeugt, dass dieses Zugehen auf das grelle Licht, diesen hellen Tunnel, eine Art Vorbereitung auf das Leben im Jenseits ist. Es ist ein Programm im Gehirn, das kurz vor dem Tode abgerufen wird. Andere Professoren meinen, es sei nur ein Schutzprogramm, um das Sterben zu erleichtern. Aber, wird dagegen gehalten, wofür dieser Aufwand, wenn danach doch Schluss ist? Mir leuchtet die These mit dem Leben nach dem Tod ein. Der Aufwand, den das Gehirn betreibt, um uns den Weg in die andere Welt zu ermöglichen, hat seinen Sinn und Zweck. Schon in der Antike werden diese Erlebnisse mit dem grellen Licht und der unendlichen Ruhe erwähnt. Also muss da schon etwas dran sein. Also, man kommt ins Jenseits, wenn man stirbt, und trifft da seine verstorbenen Verwandten und Freunde wieder. Jetzt spinn ich den Gedanken einmal weiter. Trifft man dort aber auch auf die Verwandten, die man aufs Verrecken nicht ausstehen konnte? Und was ist mir alten Feinden? Man ist doch froh, dass man diese Bagage endlich vom Hals hat. Hätte am liebsten einen Freudentanz auf dessen Grabplatten vollführt. Was passiert also, wenn man sich im Jenseits wieder trifft. Sind sie alle geläutert? Ist aller Zank und Streit vergessen und man reicht sich freundschaftlich die Hände? War doch alles nicht so gemeint. Weißt doch! Das war doch noch drüben. Da war doch alles anders! Mir kommt da ein grausamer Verdacht! Was ist, wenn das hier schon das Jenseits ist? Was ist, wenn es mehrere Jenseitse gibt? Wenn man immer wiedergeboren wird, wie beim Buddhismus? Oder schlimmer noch, das Peterprinzip! Man wird so lange wiedergeboren, bis man das Stadium der Inkompetenz erreicht hat. Das Nirwana! Ich frage mich, ist das Nirwana vielleicht eine Behörde? Das höchste Stadium der Reinkarnation? Der deutsche Beamte? Zum Glück ist noch keiner zurückgekommen, um uns die Wahrheit zu erzählen. Denn, wenn meine Theorie stimmt, gehe ich lieber zu den Zeugen Jehovas. Da bleibt man wenigstens bis zum Jüngsten Gericht im Sarg liegen und hat bis dahin Ruhe vor seiner Mischpoche.

Oh Happy Day
Wenn du meinst, es geht nicht mehr,
kommt von irgendwo ein Lichtlein her.
Doch bei deinem Pech, bitte sehr,
sind`s der Lichter zwei und sehr schnell
eilen sie herbei, gleißend hell,
im Schienennahverkehr.
Dein Wagen ist verreckt, mitten auf dem Gleise.
Doch ein Trost auf deine letzte Reise:
Jetzt weißt Du ganz genau, es geht nichts mehr,
kommen von irgendwo zwei Lichtlein her!

Wenn du meinst, es geht nicht mehr,
kommt von irgendwo ein Lichtlein her.
Nach zehn Bier ist`s ziemlich schwer
plötzlich zu sehn und zu verstehn,
ziemlich unangenehm,
du bist mitten im Gegenverkehr!
Was Du für zwei Mofas gehalten hast, bitte,
hatte einen Kühlergrill in der Mitte.
Jetzt weißt Du ganz genau, es geht nichts mehr,
kommen von irgendwo zwei Lichtlein her!

Wenn du meinst, es geht nicht mehr,
kommt von irgendwo ein Lichtlein her.
Du merkst, das Publikum klatscht nicht mehr.
Sehen Dich nicht an, starrn nur nach oben,
alles Gute kommt von droben.
Doch leider ziemlich schwer,

zwei Scheinwerfer und eine Brücke.
Wo einst dein Kopf, jetzt eine Lücke!
Und du weißt jetzt ganz genau, es geht nichts mehr,
kommen von irgendwo zwei Lichtlein.

Eine außergewöhnliche Karriere
Es war mal wieder einer dieser düsteren, verregneten Sonntage. Allerdings nur tief in mir! Draußen lachte die Sonne auf die unverschämteste Art und Weise über Land und Leute und ich hockte hier in dieser verräucherten Kneipe und blies gekonnt Trübsal vor mich hin. Ich kam öfters hier her. Der Wirt ist zwar ein Arschloch, der Whisky mies und die Luft zum Schneiden, aber die Atmosphäre in dieser Umgebung deckte sich so ziemlich passgenau mit meiner grundsätzlich negativen Lebenseinstellung, das Leben durch eine, mit mannigfaltig schillernden Grautönen versehene, Brille zu betrachten. Kurz und gut, mir ging es hervorragend, weil es mir schlecht ging. Zwei, drei Tage im purem Selbstmitleid baden, im tiefsten Selbstekel suhlen und dabei das weibliche Geschlecht für alles Unheil dieser Welt verantwortlich zu machen, für mich das reinste Lebenselixier. Denn nach einem abgrundtiefen Down kam meistens wieder eine Phase explodierender Ideen und Gedanken auf mich zu. Manchmal blieb sie auch aus. Dann kam nach dem Down ein leichter Anstieg, ein leichtes Schimmern am Horizont und dann der freie Fall. Dann lehnte ich mich meistens entspannt zurück und wartete auf den Aufprall. Ich wusste doch, wenn ich mich überlebte, erschuf ich mich selbst wieder neu. Tausend mal probiert.

Auf einmal kam so ein Typ rein. Parker, lange Haare, Vollbart, aber den Wachturm unter dem Arm! Er setzte sich an meinen Tisch. Ich lästerte provokant: „Sind die Zeugen schon so am Ende, das sie jetzt die Obdachlosen zwangsrekrutieren, oder was willst du hier?" „Frieden, Bruder. Ich will nur meinen Frieden! Den, und ein großes Bier!" „Ich denke, ihr dürft kein Alkohol trinken und schon gar nicht erst eine Kneipe von innen zu sehen bekommen. Das sind mindestens drei Tage Fegefeuer mehr, wenn sie dich erwischen." „Was weißt du denn schon von Fegefeuer?" Der Typ grinste, erhob sein Glas Bier, dass ihn der Wirt mürrisch auf den Tisch geknallt hatte, prostete mir zu und tat einen herzhaften Schluck. „Aaaaaahh! Guuuut! Das leidige am Bier ist, dass immer nur der erste Schluck so gut schmeckt. Was danach kommt, ist schon Gewohnheit. Aber ich lenke ab. Was weißt du vom Fegefeuer?" Ich sah mein Gegenüber prüfend an. Er inspizierte mein Ponem mit dem gleichen, interessierten Blick. „Du meinst deine Frage ernst, oder?" Er nickte. „Wenn du mich jetzt hier zu bekehren versuchst, haste Pech gehabt. Ich bin zwar der Meinung, ich bin ein gläubiger Christ, aber vom Bodenpersonal unseres Herrn halte ich überhaupt nichts. Egal, von welcher Fraktion." Er trank sein Bier aus und grinste mich an: „Da hast du aber Glück gehabt. Ich bin von der Bord- Crew!" „Wie meinst du das jetzt?" Sein

Grinsen wurde noch breiter. „Na, ich bin ein Engel! Gabriel, mein Name" „Klar! Du bist ein Engel! So habe ich mir euch auch immer vorgestellt. Parker, Vollbart und biertrinkend. Du machst dich bestimmt gut aus, auf 'ner Weihnachtsbaumspitze. Auch ohne blondem Engelshaar. Kerl, ich weiß zwar nicht, das wievielte Bier es heute für dich war, aber das letzte ist dir irgendwie nicht bekommen." „Das Letzte habe ich ja heute noch gar nicht getrunken." Wieder dieses unverschämte Grinsen. Er legte seinen rechten Zeigefinger unten an das Bierglas und zog ihn langsam bis zum Eichstrich hoch. Das Glas füllte sich wie von selbst mit goldgelben Gerstensaft. Ich schüttelte den Kopf. Hatte ich vielleicht schon zu viel? Bin ich Opfer meines eigenen Alkoholgenusses geworden? Verdattert stotterte ich: „Das, äh, das lass man lieber nicht den Wirt sehen. Der macht dir richtig Ärger. Der ist rabiat!" „Der ist einer von uns!" Der vermeintliche Engel sah mich todernst an. „Die meisten hier sind von uns!" „Klar doch!" Ich nickte. „Weißt du was? Ich glaub, ich habe für heute genug. Ich geh jetzt nach Haus und beguck mich mal ein paar Stunden von innen. Hab ich lange nicht gehabt. Brauch ich mal wieder!" Der haarige Engel legte seine Hand auf meinen Unterarm und grinste wieder sein Grinsen. „Das wird wohl jetzt nichts. Du musst hier bleiben. Ich habe den Auftrag, dich zu engagieren. Du sollst für uns schreiben. Wir brauchen dich für unsere PR- Abteilung." „Wie, PR- Abteilung?" „Na, ja, die Herren bei uns sind schon, wie soll ich sagen, etwas überaltert. Seit Christi Geburt ist denen nichts Besonderes mehr eingefallen. Früher war das ein Klacks. Habt ihr nicht pariert, zum Beispiel, haben die sich die Sintflut ausgedacht und Husch, seid ihr mal wieder ein paar Jahrhunderte gottesfürchtig gewesen. Oder Sodom und Gomorrha. Frag Frau Lot, was das den Leuten für einen Schreck eingejagt hat. Die steht da heute immer noch in der Landschaft rum." Ich sah ihn fragend an. „Aber irgendwann haben die von der PR dann kapiert, dass ein Gott, vor dem man Angst hat, nicht gleichzeitig innig geliebt werden kann. Deshalb haben sie aus dem ahnenden Gott im Alten Testament den lieben Gott im neuen gemacht." „Und was habe ich damit zu tun?" „Nun, du bist doch Schriftsteller. Du sollst in unserem Auftrag ein Buch verfassen. Keine Chronik, wie die Bibel, sondern diesmal ein Werk, vom Chef selbst diktiert. Etwas, was die Leute dazu veranlasst, wieder etwas mehr in sich zu gehen. Etwas, um zu begreifen, das Leben mehr ist, als nur Paaady machen oder anderen Leuten ihren Glauben aufzuzwingen, oder Krieg zu führen. Sieh dich doch mal um in dieser Welt! Soll der Chef jetzt eine Sintflut loslassen? Was soll das denn für eine Welle werden, um über sieben Milliarden Leute wegzuspülen? Ganz abgesehen von der Sauerei, hinterher. Nee, nee, mein Lieber. Das müssen wir heutzutage anders anpacken." Ich nickte bedächtig. „Aber ihr müsst doch bei euch da oben Tausende von Weltliteraten haben. Könnten die nichts schreiben?" Der Engel lachte lauthals. „Ha! Ich hatte ganz vergessen, wie ihr Menschen euch den Himmel vorstellt! Wie den Garten Eden. Alles Friede, Freude, Eierkuchen. Jeder ist zu jedem nett und freundlich. Das Lamm liegt bei dem Löwen und über allem strahlt der Himmel der Unendlichkeit. Alles Humbug! Nur die Seele kommt in den Himmel. Der Körper bleibt da, wo er hingehört. Im Grab oder in der Urne. Und wie willst du ohne Körper schreiben? Also brauchen wir einen Menschen, der für uns diese Sache erledigt." „Es gibt ihn also doch, diesen „Himmel! Wusst ich's doch!" Ich ballte die Beckerfaust. „Herrgott noch mal! Was ihr Menschen immer mit diesem Himmel am Hut habt!" Die Kellnerin am Tresen räusperte sich. Der Engel zuckte zusammen, drehte sich um zu ihr und winkte entschuldigend diesem attraktiven Wesen mit dem engen Lederrock und der knappen weißen Bluse zu. Die lächelte und drohte scherzhaft mit dem Finger. „Gabriel, Gabriel! Das sind fünf Euro in die Kasse!" Mein Gegenüber wurde tatsächlich rot. „Ups! Das zweite Gebot übertreten! Peinlich!" Ich verstand seine Reaktion nicht ganz. „Na ja, so schlimm wird es ja doch nicht gewesen sein. Sagt doch heute jeder." Der Engel verdrehte die Augen.

„Mag ja sein. Aber nicht vorm Chef!" Mir entfuhr ein anerkennender Pfiff. „Das ist euer Chef? Die ist euer Oberengel? Donniwetti!" Gabriel lachte: „Oberengel ist gut! Das ist *der* Chef!" „*Der* Chef! Aha! Und was heißt das, bitte?" Wieder das breite Grinsen von diesem Kerl, das mich so verunsicherte. „Na, Chef, Boss, Meister! Gott persönlich, Mensch! Kapierst du endlich?" „Genau! Kapierst du endlich?" Erschrocken fuhr ich herum und blickte direkt auf die ausladende Oberweite von Gott. Urplötzlich stand sie neben mir. Ich hob meinen Blick, sah ihr direkt in die Augen und erkannte plötzlich, dass ich ein Nichts bin. Ein Niemand. Dieser eine Blick bewirkte in mir, dass sich innerhalb einer Milliardstel Sekunde in meinem Hirn, in meinem Herzen, in meinem Körper, ein Feuerwerk all der Gefühle abbrannte, die ich je in meinem Leben erfahren hatte. Gleichzeitig fühlte ich mich, wie ein neugeborenes Baby, mit dem Wissen Methusalems und der Kraft eines Kämpfers für die Christenheit mit der alles verzeihenden Güte des Allmächtigen in mir. Als ich in diese Augen sah, hatte ich verstanden. Ich hatte begriffen, was Liebe und Güte bedeutet in dieser Welt. Dass man unangreifbar ist, wenn man diese Kraft in sich trägt. Ich hatte innerhalb dieser Milliardstel Sekunde begriffen, warum Gott Liebe ist. Er birgt so viel Kraft, Gnade, und Güte in seinem Inneren, dass diese Liebe für das ganze Universum reicht.

Verdattert stammelte ich: „Du bist eine Frau?" Sie lächelte schelmisch. „Nur heute. Nur für dich!" Gabriel mischte sich ein. „Das macht er oft so. Man weiß nie, als was er im nächsten Augenblick in Erscheinung tritt. Nur wir kennen ihn so, wie er wirklich aussieht." Gott grinste: „Wenn man schon allmächtig ist, sollte soll man auch Spaß daran haben. Schließlich habe ich die Menschen geschaffen. Und ich finde, sie sind mir gut gelungen." Er strich sich herausfordernd über die Hüften. „Na, ja, die meisten jedenfalls. Ich weiß! Ihr Menschen denkt, ich bin der strenge alte Opa mit einem langen, grauen Bart, der da irgendwo im Himmel auf seinen goldenen Thron sitzt, rechts neben ihm der Junior und links wabert der Heilige Geist. Total humorlos, launisch und verbittert. Falsch! Ich bin lebenslustig, hab meistens gute Laune und bin auch eigentlich immer ganz gut umgänglich. Nur tut mir bitte einen Gefallen! Reizt mich nicht!" „Wo werd ich denn? Du bist der Boss! Und wie stellst du dir jetzt das neue Buch vor? Gabriel sagte, es soll mehr so, wie der Koran werden?" Gott sah mich an. „Tja, wie soll ich sagen? Also, der Koran wurde ja erst zwanzig Jahre nach Mohammeds Tod geschrieben. Die Bibel ganze dreihundert Jahre, nachdem ich meinen Sohn geopfert hatte. Sind ja auch ganz nette Bücher, aber die Autoren haben immer viel zu viel ihre eigenen Ansichten mit hinein gezaubert. OK, sie haben es nur gut mit mir gemeint und oft gnadenlos übertrieben." Ich nickte andächtig. Vielleicht sollte ich mir diese Bücher doch einmal vornehmen. So quasi, zum Vergleich. „Und diese Sachen willst du jetzt vermeiden, indem du mir das neue Werk persönlich diktierst. Ich verstehe." „Genau! Ich stell mir da eine Mischung vor zwischen Koran, Bibel und der Thora. Nur, von dir jetzt direkt aufgeschrieben und nicht erst in ein paar Jahrhunderten. Meinst du, du schaffst das?" „Was soll denn da schief gehen? Mit deiner Hilfe?" Gott lachte und schlug mir anerkennend auf die Schulter. Ein verdammt gutes Gefühl. Nicht nur, weil er hier als äußerst attraktive Frau in Erscheinung trat, als Allwissender war ihm natürlich klar, mit welchem Frauentyp er mich ködern konnte. Nein, wenn Gott einen berührt gibt es dir so viel Kraft, dass du meinst, den Mount Everest mit dem kleinen Finger hochheben zu können, nur um darunter mal eben Staub zu wischen. Er war sich natürlich der Wirkung seiner Berührung voll bewusst und zwinkerte mir zu. Ein Filou, dieser Gott. „Ich möchte endlich mal aufräumen mit all den Vorurteilen über mich. Über all das, was man mir angedichtet hat, um letztendlich die eigne Macht zu stärken. Zölibat! Dass ich nicht lache. Hallo? Ich bin unfehlbar! Warum, in aller Welt, sollte ich so eine geile Sache erfinden, wie Sex, und sie dann verbieten lassen? Schließlich habe ich Eva die Klitoris verpasst. Das einzige Organ im ganzen Körper, das einzig und allein für die Lust zuständig ist. Poppen soll, verdammt noch mal Spaß machen, und kein schlechtes Gewissen! Das will ich übrigens in einem Extrakapitel, nur für die Katholen, gesondert explizieren. Damit die endlich mal kapieren, dass der ganze Unsinn von Keuschheit und Zölibat nur den Gehirnen kranker Pfaffen entsprungen ist. Es heißt ja nicht umsonst in einem Lied: „Und die Moral von der Geschicht, trau nicht des Pfaffen Arschgesicht!" Natürlich gelten die zehn Gebote noch. Besonders das Sechste. Aber wir müssen den Leuten auch mal klar machen, dass sich die Welt verändert hat. Es kann nicht angehen, das High- Tech bis in das letzte Beduinenzelt verbreitet ist, aber die Information, dass Frauen Menschen sind, in vielen Ländern noch vollkommen ignoriert wird. Ich erschaffe doch keine Frauen, damit die Männer sie zeitlebens unterdrücken. Eva war schon im Paradies gleichberechtigt. Warum soll sich das nach dem Sündenfall plötzlich geändert haben?" Draußen ging ein heftiges Gewitter runter. Gott schüttelte den Kopf. „Oh ich, oh ich! Da könnt ihr mal sehen, wie mich so was aufregt!" Er fächelte sich Luft zu. Gabriel ergriff das Wort: „Das Problem an der ganzen Sache ist die! Früher konnte man noch unsere Leute unter das Volk schicken, die was bewirkt haben. Moses, Johannes der Täufer, Jesus, alles Leute mit Charisma. Klappt heute nicht mehr.

Wenn du heute, zum Beispiel, bei den Kids was erreichen willst, musst du einen Rapper auf sie los lassen. Hey man, give me five! I`m the best friend of Jesus Christ! Hält auch nur so lange vor, bis etwas anderes In ist. Stell du dich heute mal auf einen Berg und halte eine Predigt, bei der dir zehntausend Leute zuhören und die du auch noch verköstigst. Da kommt gleich das Ordnungsamt und will deine Genehmigungen sehen. So was musst du vorher anmelden. Pro tausend Zuschauer soundso viel Dixieklos, Gesundheitsamt muss die Großküche abnehmen und ärztliche Versorgung muss gewährleistet sein. So sieht das heutzutage aus." Gott hatte sich wieder beruhigt. „Du siehst also, es kommt eine große Aufgabe auf dich zu. Und du meinst, dass du sie bewältigen kannst!?" Ich überlegte. „Zu welchen Konditionen?" „Tja, ich sag mal, ewiger Seelenfrieden, materielle Absicherung zu Lebzeiten und einen VIP- Pass. Das müsste eigentlich reichen." „Wofür einen VIP- Pass?" Gott und Gabriel sahen sich an und grinsten. „Soll ich ihn nachher aufklären? Büddeee!" Gabriel sah seinen Chef flehend an. „Klar doch. Hast du dir verdient." „Eine letzte Frage! Habe ich irgendwelche Mitspracherechte bei dem Buch?" „Was schwebt dir da vor?" Gott sah mich prüfend an. „Nur ein paar Kleinigkeiten. Eigentlich mehr Vorschläge, als Mitsprache. Zum Beispiel wäre es sinnvoll, dass die großen Brückenbauer bei Amtsantritt nicht älter, als fünfundvierzig sein dürfen und mit fünfundsechzig in Rente gehen, wie alle Beamten. Dann kommt endlich mal frischer Wind in den Vatikan. Von den grenzdebilen Opas, die bisher hier deinen Vertreter auf Erden gespielt haben, kann man wohl kaum Veränderungen erwarten. „Gabriel klatschte in die Hände und stieß Gott mit dem Ellbogen an. „Siehst du, ich hab es dir gesagt! Der Mann ist goldrichtig für diesen Job." „Hört sich vernünftig an. Wenn man bedenkt, dass ich nie einen Vertreter auf Erden haben wollte. Wer braucht schon einen Papst? OK. Genehmigt! Noch mehr?" Der Allmächtige gefiel mir immer besser. „Jetzt nur noch eine Kleinigkeit. Aber höchst effizient, wie ich meine." Gott wurde ungeduldig. „Nun schieß schon los!" „Ich möchte, dass die Prügelstrafe für korrupte Banker eingeführt wird. Zwar nur maximal zehn Stockschläge, aber dafür auf den nackten Arsch und auf allen Fernsehsendern der Welt live übertragen." Der Weltenherrscher grinste, gab mir die Hand und lachte: „Ich seh schon, wir verstehen uns! Du hast den Job!" Gabriel legte mir die Hand auf die Schulter. „So, denn woll`n wir denn mal. Bier geht aufs Haus. Nimm deine Jacke. Wir gehen!" Draußen tobte immer noch das Gewitter. „Bei dem Sauwetter? Ich hab keinen Schirm dabei!" Der Engel seufzte und schnipste mit dem Finger. Im gleichen Moment hörte es auf zu regnen und die Sonne brach durch. „Zufrieden?" Ich nickte. Am

Himmel stand ein prächtiger Regenbogen, als wir aus der Kneipe traten. Gabriel wies mit dem Finger auf das bunte Schauspiel. „Da müssen wir rauf." Ich nickte nur und folgte ihm. Irgendwann in den letzten zehn Minuten hatte ich beschlossen, mich in seiner Gegenwart über nichts mehr zu wundern. Vielleicht wachte ich ja irgendwann mal auf, erinnerte mich an diesen Traum, ärgerte mich über den Fusel, der diesen Schwachsinn hervorgerufen hatte und machte mir ein Katerfrühstück. Dann hatte ich immer noch Zeit, mich über meine skurrilen Träume zu wundern.

Gabriel führte mich in den Stadtpark. Unterwegs steckte er mir eine Plastikkarte in die Brusttasche meines Jacketts. „Deine VIP- Card. Verlier sie nicht!" Urplötzlich war alles voller Seifenblasen um die Menschen herum im Park. Seifenblasen mit Gesichtern. „Was ist das denn?" fragte ich verblüfft. Gabriel freute sich wie ein Schneekönig über mein erstauntes Gesicht. Deshalb, also, wollte er mir die VIP- Card persönlich überreichen. Um mein dummes Gesicht zu sehen, wenn ich auf einmal alles aus seiner Perspektive wahrnehmen konnte. Er lachte: „Das sind die Seelen der Verstorbenen. Die Welt ist voll davon. Ihr Menschen könnt sie nur nicht sehen. Aber jetzt, durch die VIP- Card, bist du ja einer von uns" „Ich dachte, die Seelen sind alle im Himmel!" Der Engel lachte. „Nicht, wenn sie nicht wollen. Sie können sich auch um ihre Lieben kümmern. Quasi als Schutzengel sozusagen." Ich sah mich um. „Von meinen Verwandten ist hier aber nicht einer zu sehen. Die denken wohl, wenn du an meiner Seite bist, kann mir nichts passieren." Gabriel schüttelte den Kopf. „Vielleicht haben wir sie ja auch auf „Erholung" geschickt. So nennen wir das, wenn wir jemanden isolieren, damit er mal eine Zeit lang über all die Gemeinheiten und Schandtaten seines Leben nachdenken kann, die er anderen zugefügt hat." „Ich dachte immer, die schmoren im Fegefeuer, bis sie geläutert sind." Der Engel blieb stehen und sah mich an. Er schüttelte den Kopf. „Was ihr Menschen immer für Sachen hineininterpretiert in die Bibel. So etwas Brutales haben wir nie gebraucht. Wir verschicken unsere Kandidaten. Die nicht so schlimmen gehen auf „Erholung", die bösen Buben auf Daueraufenthalt." „Und wo ist dieser Daueraufenthalt? In der Hölle?" Wir setzten uns wieder in Trab. „Wozu haben wir das Weltall mit all seinen schönen Planeten. Jeder böse Bube bekommt einen zu Verfügung gestellt. Für sich ganz allein! Für immer und ewig!" Mir entfuhr ein Pfiff. „Das ist aber verdammt lange! Und ganz allein auf einem Planten?" „Ja, genau. Wir verteilen die schlimmen Finger auf die Verbannungsorte aller Galaxien. Hitler haben wir zum Beispiel auf den Jupiter verfrachtet. Der Planet hat 318-mal mehr Masse, als die Erde. Besteht allerdings nur aus Gas. Da kann er sich austoben.

Ganz für sich allein! Für immer und ewig!" Plötzlich bog Gabriel nach rechts ab, in die Büsche. Ich lief hinterher und schütze meinen Kopf mit den Händen, weil mir die nassen Zweige um die Ohren witschten. Und dann tat sich eine Lichtung vor uns auf. Erschrocken blieb ich stehen! Aus dem Grasboden vor mir stoben flimmernde Lichtfontainen gen Himmel. Es war ein Funkeln, ein Schimmern und Glimmern, das mir die Augen wehtaten. Das Ende des Regenbogens! Oder der Anfang? Musste wohl der Anfang sein. Am Ende steht ja immer dieser berühmte Topf mit Gold. Davon war hier allerdings nichts zu sehen. Gabriel machte eine einladende Handbewegung. „Darf ich bitten?" Ich trat neben ihn. Er nahm mich beim Arm und zog mich in das gleißende Licht hinein. Ich spürte auf einmal eine Leichtigkeit in mir, wie ich sie nur von meiner frühesten Kindheit her kannte. Die totale Unbeschwertheit, die Sorglosigkeit und Lebensfreude eines Kindes ergriff meine Seele. Das Licht des Regenbogens sog uns nach oben. Wie in einem gläsernen Fahrstuhl fuhren wir gen Himmel. Die Bäume, Autos, Häuser, Menschen, alles verschwand im Dunst der Wolken unter uns. Es ruckte. Der Regenbogenaufzug blieb stehen. Gabriel zog mich mit sich. Vor uns tat sich eine große Halle auf. Überall Menschenseelen. Es herrschte zwar ein buntes Treiben hier, aber in einer sehr seltsamen, wattigen Atmosphäre. Keine lauten Worte, keine fordernden Stimmen, kein Geschrei. Nur hier und da verhaltenes Gelächter. Alle gingen nett und ausgesprochen höflich miteinander um. Fast wie bei Scientology, wenn man zum ersten Mal ihre Räumlichkeiten betritt. Gabriel sah mich von der Seite an. „Das ist hier immer so. Muss man sich erst dran gewöhnen. Da wir hier im Himmel sind, existiert für uns die Zeit nicht. Und wo keine Zeit ist, ist auch keine Hektik." Er führte mich einen Gang entlang und öffnete eine Tür. „Das hier ist dein Büro!" Ich sah mich um. Ein riesiger Schreibtisch stand dort. Ausgestattet mit einem Computer, Drucker, Scanner und all dem, was man sonst noch zum vernünftigen Schreiben braucht. Etwas war jedoch anders. Etwas, an das ich mich wahrscheinlich erst gewöhnen müsste. Der Schreibtisch stand in keinem Raum. Er stand auf einer Wolke und ringsumher war Luft. Kein kalter Wind, wie es man in diesen Höhen erwarten sollte, sondern ein angenehm temperiertes Lüftchen. Fast so, wie aus einer Klimaanlage. Da war noch etwas, was mich irritierte. Der freie Blick auf die Erde. Da mein Büro keine Wände hatte, war auch kein Fußboden da. Nur eben die Wolke. So kam ich in den Genuss eines zweihundertsiebzig Grad Panoramausblickes. „Setz dich. Genieß die Aussicht!" Gabriel nötigte mich in den Sessel. „Du hast hier einen stinknormalen Computer, wie er in hunderttausend anderen Büros steht. Du kannst ja sicher damit umgehen." Die Tür ging auf und Gott kam rein. Immer noch im gleichen Outfit, wie in der Kneipe. Ihm folgte eine elegant gekleidete Frau mit feuerrotem Haaren und in einem hautengen Businesskostüm. So schätzungsweise um die dreißig. „Na, wie gefällt es dir hier?" „Ja, doch. Ich denke, hier lässt es sich arbeiten." Ich blickte zur Erde. Nicht zum Boden. Zur Erde, wohlgemerkt. Die, die da so im Weltall unter mir schwebt. „Runterfallen kann ich ja doch hoffentlich nicht, wenn ich mal einen Fehltritt mache. Oder?" Gott lachte. „Sei getrost. Fehltritte kommen hier im Himmel nicht vor. Darf ich dir übrigens Satan vorstellen? Satan, das ist mein Schreiber. Er wird mein neuestes Werk verfassen. Ich bin der Meinung, ein Update auf die Bibel, etc., bringt nichts. Da muss was Neues her." Ich betrachtete Satan neugierig. Wusst ich`s doch! Der Teufel trägt Prada! Sie gab mir die Hand. Ich hatte sofort das Gefühl, als wenn mein Arm bis zur Schulter hinauf in flüssigen Stickstoff getaucht würde. Ihr Blick schien mir meine Seele aus dem Leib zu reißen und durch einen Fleischwolf zu drehen. Beim Kontakt unserer Hände machte sich sofort ein leichter Schwefelgeruch breit. Satan grinste teuflisch. „Wir werden uns dann wohl öfter mal über den Weg laufen, schätze ich." Ich nickte verkrampft, zog meine Hand zurück, dachte nur, „Hoffentlich nicht" und sah Gabriel fragend an. Satanus grinste: „Das

denken sie alle, wenn ich ihnen das erste Mal über den Weg laufe. Aber bis jetzt habe ich noch jeden gekriegt, den ich haben wollte. Jeden!" Verdammt! Gedankenlesen kann sie also auch noch! „Aber das können doch alle hier!" lachte Gott und klopfte zum Abschied leicht auf den Schreibtisch. „Wir müssen dann mal. Bis später dann!"
„Was war das denn?" fragte ich den Engel, als sich die Tür hinter den beiden geschlossen hatte. „Was macht der denn im Himmel? Und wieso ist er eine Frau? Habt ihr denn hier nur Frauen in den Führungspositionen?" „Tja, sie zeigt sich so, wie du sie gerne haben möchtest, im Unterbewusstsein. Und außerdem heißt es ja auch „Die Verführung", nicht wahr?" „Ich hoffe, hier oben wird nicht alles sichtbar, was sich so sonst noch in meinem Unterbewusstsein tummelt!" Satan stand plötzlich wieder vor meinem Schreibtisch. „Wäre das so schlimm? Hast du denn so viel vor uns zu verbergen?" Auf der Erde hätte ich mich sicher zu Tode erschrocken. Aber hier, im Himmel, scheint so etwas wohl nicht zu funktionieren. „Gott meint, ich könnte dich hier mal ein bisschen einweisen. Damit du etwas Durchblick bekommst, wie das hier so läuft, in der vierten Dimension." Gabriel lachte und ging zur Tür. „Dann lass ich euch jetzt mal allein. Ihr habt wohl einiges zu bereden." „Haben wir das? Ich dachte, ich arbeite ausschließlich für deine Fraktion?" Der Engel drehte sich in der Tür noch

mal um. „Dazu musst du aber beide Seiten gehört haben, um das ganze System verstehen zu können. Viel Spaß!" sprach`s und zog die Tür zu. Satanus sah mir tief in die Augen und kam mit verführerisch wiegenden Hüften um meinen Schreibtisch herum auf mich zu. „Bin ich dir denn so zu wider? Gefalle ich dir denn gar kein bisschen?" In ihren Augen brannte ein loderndes Feuer. Sie beugte sich zu mir herunter und ich sah, dass sie unter ihrem Blazer nichts an hatte. Sie strich mir sanft eine Locke aus der Stirn. Innerhalb des Bruchteils einer Sekunde schoss mir zwei Drittel meines gesamten Körperblutes ins Gemächt und ich hatte das Gefühl, mein Schreibtisch würde plötzlich frei schweben. Mein Adrenalin vermischte sich mit dem soeben freigesetzten Testosteron und ätzte mir fast schier die Adern weg. Satan lachte und setzte sich auf die Lehne meines Bürosessels. Ihr Rock rutschte ziemlich weit hoch. Zu hoch! Ich kam mir auf einmal vor, wie Moses, als er das gelobte Land erblickte. Das Teufelsweib beugte sich zu mir herunter und öffnete leicht ihre Lippen zum Kuss. Ich war ihr willenlos ausgeliefert. Gerade wollte ich ihr ein linguales Feuerwerk verpassen, wie es noch kein Teufel diesseits des Styx erlebt hatte, als ich ihr nochmals tief in die Augen schaute. Der feurige Glanz war ganz daraus verschwunden. Stattdessen blickte ich tief in die Seele Satans und sah auf eine Eislandschaft, deren Temperatur noch einige Grade unter dem absoluten Nullpunkt liegen musste. „Es ist nicht meine Seele", hauchte sie. „Das ist mein Gewissen. Ich hoffe, es stört dich nicht." Mist! Ich hatte vergessen, dass sie Gedanken lesen kann. Für einen Sekundenbruchteil sah ich dann Satanus wahre Gestalt. Ich hielt in meinen Armen den leibhaftigen, bockshörnigen Beelzebub. Mit feuerrotem Körper, Spitzbart, Hörnern auf der Stirn und aus dessen behaarten Satyrhintern ein ebenso behaarter Schwanz wuchs. Seltsamer Weise steckten seine Füße immer noch in den Pradaschuhen. Auch der rechte, der Pferdefuß. Musste wohl eine Maßanfertigung sein. Ich zucke zurück. Die Teufelin sah mich an. Mein angewiderter Blick sprach wohl Bände. Jedenfalls erhob sie sich. „Na gut. Dann eben nicht. Dann eben keinen Sexorzismus." Ich stutzte: „Ich kenne Exorzismus. Der wäre hier ja aber wohl fehl am Platz. Aber Sexorzismus? Nie gehört!" Der Pradateufel lachte. „Kleines Wortspiel von mir. Sozusagen ein Insidergag. Meint Bumsen auf Teufelkommraus." Mir entfuhr nur ein gequältes Stöhnen. Ich hätte um Haaresbreite mit Satan persönlich gevögelt und die macht hier solche Sprüche. Mir wurde ganz schwummerig im Nachhinein. Sie nahm auf dem Sessel gegenüber Platz. „OK. Lassen wir das. Was willst du von mir wissen?" „ Na ja, als allererstes wundert es mich natürlich, dass du hier im Himmel bist. Liegt dein

Büro nicht traditionsgemäß ein paar Stockwerke tiefer?" „Ich bin nur geschäftlich hier. Außerdem hat ER mich ja gerufen. ER wollte mir unbedingt seinen neuen Schreiberling vorstellen." Ich schrie innerlich auf! „Schreiberling? Ich, der neue Sekretär Gottes, ein Schreiberling? Wenn ich ein Schreiberling bin, bist du ein drittklassiger Höllenfeueranheizerlehrling, merk dir das, du Aushilfsteufel! Figuren, wie dich gibt es doch in jeder Kasperbude!" Ich kochte vor Wut. Mein gegenüber grinste. „Tschuldigung! War nicht so gemeint!" Ups! Scheiß Gedankenleserei! Ich bemühte mich, ab jetzt, sachlich zu denken. „Wieso geschäftlich? Kann man hier oben denn überhaupt Geschäfte machen?" „Klar! Ohne weiteres!" Jetzt wurde ich richtig neugierig. „Aha! Und womit, bitte, handelt ihr hier?" Satan wippte mit seinem Sessel und grinste: „Mit der einzigen Ware, die uns hier zur Verfügung steht. Mit Seelen!" „Mit Seelen. Mmm. Und wie muss ich mir das, bitte, vorstellen?" „Nun ja", Mein Gegenüber betrachtete ihren High Heel-bewehrten Fuß. „Wie dir Gabriel ja schon erklärt hat, gibt es hier ja mehrere Kategorien Sünder. Die Harten kommen hier nicht in den Garten, sondern auf ihre ganz speziellen Planeten. Die auf „Erholung" sind haben auch etwas auf dem Kerbholz, aber nicht so viel, wie die richtig Bösen. Na ja, und dann gibt es natürlich noch die Grenzfälle. Und um die geht es hier natürlich. Gott meint, er könnte sie noch retten und ich meine, sie gehören schon mir. Und um die verhandele ich dann mit ihm. Ich biete ihm dann ein paar Seelen an, die ich früher aus der „Erholung" entlassen werde, wenn ich dafür so ein paar interessante Grenzfälle bekommen kann. Oder ich habe da so eine Lieferung bekommen, die nur auf den ersten Blick bösen Buben sind. Mörder, zum Beispiel, die in Amerika zwanzig Jahre in der Todeszelle gesessen haben und dann doch noch hingerichtet wurden. Nicht selten sind welche darunter, die der Knast geläutert hat und die gläubig geworden sind. Aber weil es Mörder sind, kommen sie zuerst zu mir." Ich nickte verständnisvoll. „Ja, ja. Die amerikanische Justiz ist grausam!" Satan lachte. „Liefert aber gute Qualität. Was meinst du, wie viel korrupte Richter und Staatsanwälte ich von da bekommen habe. Bürgermeister, Sheriffs, Abgeordnete! Den ganze Klu- Klux- Klan habe ich unter meine Fittiche. Auch einige Präsidenten. Ich freu mich schon auf Trump! Du weißt doch sicher, dass das Weiße Haus in Washington ursprünglich mal aus schwarzen Marmor erbaut wurde?" Ich stutze. „Nein! Davon habe ich noch nie gehört. Und wieso ist es jetzt weiß?" Satanus grinste wieder teuflisch „Tja, irgendeiner vom Klan hat mal angefangen, für jeden gelynchten Schwarzen einen Kreidestrich an die Mauer zu machen." Ich sah ihn ungläubig an. Die Teufelin lachte hell auf. „War nur ein Scherz. Aber meinen Humor muss man nicht unbedingt teilen. Na egal. Spaß bei Seite. Auf jeden Fall versuche ich dann, diese geläuterten Seelen wieder los zu werden. Die verpesten bei mir nur die gute Atmosphäre. Und so ist es eben ein ständiges Geben und Nehmen zwischen ihm und mir." „Und ich dachte immer, ihr seid bis aufs Messer verfeindet, wie es in der Bibel so steht. Hast du keine Angst, dass Gott dich einmal vernichtet?" Belzebübin prustete los. „Er, mich vernichten? Wie kommst du denn darauf?" „Na, ich dachte immer, das Böse müsste mit Stumpf und Stiel ausgerottet werden!" Wieder das Prusten. „Mich ausrotten? Wie soll das denn gehen? Das wäre doch das Ende aller Welten!" Jetzt verstand ich gar nichts nicht mehr. „Ist es denn nicht von Vorteil für uns alle, wenn es nichts Böses mehr gibt, auf der Welt?" Die Teufelin sah mich mitleidig an. „Für alles auf der Welt gibt es seine Gegensätze. Heiß und kalt, nah und fern, hoch und tief, Ying und Yang. Wenn du etwas davon wegnimmst, stimmt das Gleichgewicht nicht mehr. Nimmst du die Ferne von der Nähe, gäbe es gar keine Dimensionen mehr. Nimmst du die Wärme von der Kälte, wo bleibt dann da die Temperatur? Wird das Böse vernichtet, saugt das Gute alles andere auf, wie ein schwarzes Loch das Licht. Und das wäre doch sehr übel. Und wenn etwas Übel ist, ist das schon wieder nichts Gutes. Und wenn etwas nicht gut ist, ist es böse. Und schon geht die ganze Gleichung nicht mehr auf. Da hat Wilhelm Busch eben geirrt. „Das Gute, dieser Satz steht fest, ist stets das Böse, was man lässt." So einfach ist die Sache denn nun doch nicht." Ich kam ins Grübeln. Satan erhob sich. „Im Prinzip habe ich dir hoffentlich einen ungefähren Überblick verschaffen können, wie das hier oben, in der vierten Dimension, so läuft. Wenn du noch weitere Fragen hast, einmal kräftig fluchen, und ich bin zur Stelle! Ciao." Er, sie? löste sich in Luft auf. Ich drehte meinen Chefsessel gen freien Ausblick und sah sinnend hinunter zur Erde. Da habe ich mir ja was Schönes eingebrockt. So hatte ich die Angelegenheit mit Gut und Böse noch nie betrachtet. Hier wird man ja noch zum Philosophen. Ich grinste. Eine Frau hatte sich mal anerkennend über meine Arbeiten bei einem Nachbarn von mir geäußert. Sie lese gerne meine Artikel. Ich wäre ja der reinste Philosoph. Mein Nachbar meinte nur: „Der, ein Philosoph? Sie meinen wohl mehr, viel im Suff? Oder wat" Bei dem Wort Suff bekam ich sofort Appetit auf ein großes, kühles Bier. Plötzlich stand Gabriel in meinem Büro. Diesmal ganz Engel. „Du hast Recht! Nach so einer anstrengenden Arbeit haben wir uns das verdient. Ab in unsere Stammpiesel." Er schnipste nur kurz, dann trug er wieder den alten Parker von vorhin, zwirbelte unternehmungslustig seinen Bart, hängte seinen Heiligenschein an die Garderobe und winkte ungeduldig mit der Hand. „Avanti, avanti. Ich hab unten schon zwei Bier bestellt. Soll das etwa warm werden?" Ich erhob mich seufzend. Ob ich mich je an das Gedankenlesen werde gewöhnen können? Ach was! Wird schon. Der erste Arbeitstag ist immer der schwerste. Und wie das so aussieht, wird das hier wohl eine Lebensstellung werden.

Die Schicksalsnacht
Seltsam, wie der Wind heut bläst,
in der kalten Winternacht.
Schaurig klingt des Käuzchens Schrei.
Einsam hält ein Mann die Wacht
Mitternacht ist längst vorbei.

Der Scherge tanzt, der Scherge tanzt im Mondenschein.
Sieh, wie er tanzt! Sieh, wie er tanzt!
Wer wird jetzt der nächste sein?

Der Zecher lenkt mit schwerer Hand
sein Gefährt dem Heime zu.
Wieder tönt des Käuzchens Schrei.
Gleich, oh Zecher, hast du Ruh.
Die Kirchenuhr geht gegen drei.

Der Scherge lacht, der Scherge lacht im Mondenschein.
Horch, wie er lacht! Horch, wie er lacht!
Gleich, alter Zecher, bist du mein!

Der stille Wächter tritt hinaus.
an den dunklen Wegesrand
Das Käuzchen schweigt für diese Nacht.
Gebieterisch hebt er die Hand.
Gebieterisch zeigt er die Macht.

Der Scherge ruft, der Scherge ruft im Mondenschein!
Allgemeine Personenkontrolle!
Fahrzeugpapiere bitte, und Führerschein!

Der Massenmörder
Der Massenmörder ward gefasst,
nach vierzehn fiesen Morden.
Tief in Italien fing er an,
bis zu den höchsten Fjorden.

Er hatte alle tiefgefroren,
aufs Beste hergerichtet,
in seinem eignen Tiefkühlraum,
sortiert und aufgeschichtet.

Jetzt sitzt er da in dicken Ketten.
Gefangen ist die Bestie.
Das Volk, das schreit nach einem Strick,
zumindest Kerkerfestie.

Er wurd nach dem Motiv befragt,
ihm ging`s um Kopf und Kragen.
Kam schüchtern fast, Ich wollt so gerne
Leute um mich haben.

Die unendliche Zärtlichkeit des Seins
Es ist die unendliche Zärtlichkeit des Seins. Der wahre, der einzige Augenblick in deinem Leben. Du verschmilzt mit dieser Landschaft, die du so liebst. Du wirst ein Teil von ihr. Das sanfte Rauschen der Pappeln ist dein Atem, Sonnenstrahlen dein Blick. Der Wind kämmt sanft dein Haar und die Sonne liebkost dir die Haut. Mit geschlossenen Augen stehst du da, die Arme leicht abgespreizt, den Duft des Grases in der Nase. Dein Ich erfüllt sich mit einer Sinnlichkeit, die bewusst das Unterbewusste hervorruft aus längst vergessen geglaubten Tiefen deiner Seele. Sonnenkreise spielen auf deiner Haut und du bist nackt. Hinter dir ein Bett aus Gras, locker aufgeworfen, um deinen Fall gut abzufangen. Du atmest tief seinen schweren Duft ein. Ein leichter Lufthauch auf deiner schweißfeuchten Haut lässt dich erschaudern. Du bist nun eins mit der Natur. Es ist eine große Freude in dir, du weißt um deine Zukunft. In wenigen Augenblicken wirst du ihr begegnen. Du drückst den Lauf des Revolvers an die Stelle deines Schädels, die du dir im Lexikon der Medizin so oft angesehen hast. Da ist das Hörzentrum. Wenn du es jetzt genau triffst, ist es so, als wenn nur jemand das Licht ausknipst. Kein Geräusch wirst du mehr wahrnehmen, keinen Schmerz. Bewusst hast du Kaliber zweiundzwanzig gewählt, Long rifle. Die Kugel wird dir den Schädelknochen durchschlagen und ins Gehirn

dringen. Durch den Energieverlust ist sie zu schwach, um auf der anderen Seite wieder auszutreten und poltert deshalb in deinem Hirnkasten hin und her, gleich einer Billardkugel, von Bande zu Bande. Der Gedanke an die Kugel, die in deinem Hirn gleich Achterbahn fahren wird, macht dich fast lächeln. Du bist bereit. Langsam zieht dein Daumen den Hahn zurück. Mit einem kaum wahrnehmbaren „Klick" rastet er ein. Dein Zeigefinger krümmt sich leicht und du bist Vergangenheit. Dein Körper sinkt auf das vorbereitete Grasbett. Zurück bleibt nur die Makulatur eines Lebens. Befreit von diesem komischen etwas, was sich Körper nennt, erstürmst du die Ewigkeit

Gedanken über die Männer

Wer definiert eigentlich, wer oder was ein Mann ist? Ist der Mann Manns genug, sich als ein solcher zu erkennen oder steckt, wie hinter jedem halbwegs starkem Mann, eine noch stärkere Frau? Vielleicht sieht ein Macho das Verhalten eines Familienvaters als eher weicheiig an, wenn dieser liebsorgende Papa seiner Frau, Mutter und Geliebten das Frühstück ans Bett bringt. Dieser wiederum kann sich absolut nicht vorstellen, nach Bier schreiend und in regelmäßigen Abständen sein Skrotum richtend, im Fernsehsessel, mit offener Hose und halb besoffen, seinen Feierabend zu verbringen. Zur gleichen Zeit steht eine andere Ausführung des starken Geschlechts vor dem Spiegel und versucht, in den nächsten drei Stunden herauszufinden, was er in der Disco tragen soll. Ein Outfit, das sowieso spätestens vier Stunden nach dem Anziehen in irgendeiner verstaubten Ecke eines unbekannten Schlafzimmer liegen wird. Ein dritter zwängt sich zu diesem Zeitpunkt in den ledernen Harnisch seiner Motorradkluft, ganz der Ritter der Landstraße, um mit seiner Dulcinea auf dem Sozius in die untergehende Sonne zu fahren. Ein vierter packt seine Angelsachen und überlässt das Feld dem Liebhaber seiner Frau, um sich ungestört in der Einsamkeit eines mückenverseuchten Tümpels mit einem Sixpack Bud- Light die Kante zu geben. Was ein Mann ist, liegt anscheinend immer im Auge des

Betrachters, respektive der Betrachterin. Für die eine Frau ist ein Mann, der beim Abwasch hilft, ein Waschlappen, für die andere der ideale Ehemann. Ich bin einmal beim Zappen in einer dieser Nachmittags- Peepshows hängengeblieben. Sie verstehen, diese Sendungen, in denen Leute mit einem IQ von Magermilch ihren Seelenstriptease machen, damit sich Leute mit einem IQ von Frischkäse über diese Menschen mokieren können. Da hatte ein so ein Bubi von zwanzig Jahren behauptet, ein Mann, der bügeln oder nähen kann, sei ein Pantoffelheld. Das sollte er einmal einem amerikanischen Zwei- Meter- Ledernackensoldaten ins Gesicht sagen. Die Antwort dieser Kampfmaschine würde den Möchtegern- Macho erst einmal dazu veranlassen, die nächsten zwei Wochen stetig rückwärts zu laufen, so hätte der von diesem „Nicht- Mann" eins eingeschenkt bekommen. Die meisten dieser Elite-GI`s lassen nämlich ihre Frauen nicht an ihre Uniform. Sie nähen und bügeln ihnen nicht gut genug. Ich möchte diesen jungen Mann gerne einmal fragen, was denn männlicher ist. In ein paar Minuten einen Knopf annähen, oder tagelang hinter Frau, Freundin, Mutter hinterher zu jammern, damit ihre Jacke endlich wieder zu geht. Aber mir deucht, in diesen Kreisen wird gar nicht erst lange gejammert, sondern gleich zugelangt. Ein richtiger Kerl wartet eben nicht gerne. Ich persönlich lebe allein. Ich

nähe Knöpfe an, Jeans um, die ich dann auch noch von links bügele, kann kochen und staubsaugen und hol mein Bier selbst aus dem Kühlschrank. Es wäre mir auch ziemlich peinlich, in einer verdreckten Wohnung leben zu müssen, in schmutzigen Klamotten herumzulaufen und mich nur von Spiegeleiern zu ernähren, nur, um ein Image zu haben das von Leuten geprägt wurde, die behaupten, ein Mann müsse das tun nicht können, um schlicht und einfach zu verdecken, das sie für diese Tätigkeiten zu blöd sind.
Aber die männlichsten aller Männer sind die, die mit dröhnenden Bässen ihrer Auto- Stereoanlage durch die Stadt fahren, um die Damenwelt auf sich aufmerksam zu machen. Ihr Handeln ist auch absolut verständlich, aus ihrer Sicht. Es ist eine Art Brautwerbung. Wie, zum Teufel, sollten die armen Kerle sonst die zwei Prozent Frauen, deren IQs sich im gleichen negativen Level unter Zimmertemperatur eingependelt haben, wie das Ihrige, auch finden. Ich habe nichts gegen diese Leute. Jedenfalls nicht viel. Ich möchte nur nicht gerne von diesen Pseudo- Machos auf offener Straße vollgedröhnt werden. Ganz abgesehen davon, dass sie intensiv die Autozubehörhersteller unterstützen, sind sie im Alltag doch einfach nur lästig. Sie registrieren einfach nicht, dass neunundneunzig-kommaneun Prozent der Bevölkerung ihre Musik nicht hören will. Jedenfalls

nicht an öffentlichen Kreuzungen und nicht ohne die restlichen siebzehntausenddreihundertundfünfzig Hertz, die im Wagen verbleiben, weil die Herren versäumt haben, adäquate Hochtöner an die Seitenscheiben zu kleben, damit man wenigstens eine „leise" Ahnung von dem Inhalt des Songs mitbekommt, den sich unser Minimacho gerade reinzieht. Wobei die meisten Herren dieser Kategorie der englischen Sprache wohl kaum mächtig sein dürften. Wozu auch? Ist in dieser geistigen Gehaltsgruppe doch eh jedes zweite Wort nur „Voll" Sprechen wir über deren Gehirne, kann das Urteil nur lauten: „Voll leer hier, Alter!" An alle, die meinen, mit voll aufgedrehten Bassreglern und bei klarstem Wetter mit Nebelscheinwerfen durch die Stadt cruisen zu müssen: Ein großer Aufkleber „DORFDEPP" erfüllt den gleichen Zweck und ist wesentlich billiger und auch leiser, für die Umwelt, meine Herren!

Betrachten wir nun mal die sexuellen Aspekte. Wann ist ein Mann ein Mann? Wenn er Schwellkörper, wie aus Krupp- Stahl, vorweisen kann, den staatlich geprüften Bezirksbefruchterlehrgang absolviert hat, Paradies in seinem Vokabular Priapismus buchstabiert wird, alle Frauen im Swingerclub anhand ihrer Labien erkennen kann? Alles ist relativ! Was nützt einem Mann die Potenz von fünf afrikanischen Kaffernbüffeln, wenn seine Roxane die Libido einer toten Hauskatze ihr Eigen nennt! Andersrum ist es auch möglich. Ist der feminine Part einer Beziehung zwangsläufig (dezente Umschreibung für nymphoman), nützt ihr kein Mann, der bei jeder Erektion denkt: „Ja, ist denn schon wieder Weihnachten?" Spätestens seit Kohlhiesels Töchtern weiß man, jedes Töpfchen findet sein Deckelchen! Neudeutsch, die Hardware ist kompatibel, wenn Input und Output sich möglichst die Waage halten. Irgendwann findet die passende Libido zusammen. Für beide Parteien gilt, wer einen Prinz sucht, muss viele Frösche küssen. Eine althergebrachte Angst aller Männer, ist er auch groß genug, beantwortet die Wissenschaft mit einem klaren Ja! Es weitet sich die Vagina in der ersten Erregungsphase auch so weit, wie möglich (man weiß ja nie, wer zu Besuch kommt), passt sie sich in der nächsten Phase der ihr beigebrachten Liebesgabe stufenlos an. Die orgastische Manschette macht`s möglich. Merke! Solange dein Penis nicht durch ein Nadelöhr passt, wird auch dir das Reich Amors zu Teil! Hätte der liebe Gott gewollt, dass du ein großes Glied hast, wärst du als Wal auf die Welt gekommen! Natürlich hat jeder seine Vorlieben. Manch eine Frau bevorzugt nun mal ein größeres Kaliber. Aber das ist eben Geschmackssache. Wenn eine Frau zu einem Mann sagt: „Ich hab von dir die Schnauze voll", muss es nicht unbedingt negativ gemeint sein.

Ebenso wenig, wie es Demut sein muss, wenn sie vor ihm auf die Knie geht. Genau so betrifft es den Mann. Der eine sagt: „Lieber black and white", der andere: „Lieber Blond und eng!" Hunderttausende europäischer Frauen mit kleinen Brüsten haben Komplexe, weil Männer angeblich auf große Oberweiten stehen. Statt sich aufpumpen zu lassen, wie eine Schwimmhilfe, sollte sie sich lieber in Geduld üben. In ein paar Jahren sind die Big- titti- women wieder out- of- order. Twiggy forever! Wohin dann mit dem Silikon- Sondermüll? Brasilianische Männer würden bei diesem Thema nur verständnislos den Kopf schütteln. Ich will nicht behaupten, dass sie gänzlich desinteressiert sind an der weiblichen Oberweite, aber diese evolutionsbedingten femininen Fettansammlungen an der Vorderseite des schönen Geschlechts nehmen bei denen bei weitem nicht den Stellenwert ein, wie es in unseren Breiten der Phall ist. Da ist es das pralle, braungebrannte Hinterteil, das die Männerblicke auf sich zieht. Denn ursprünglich, kurz, bevor offiziell der aufrechte Gang eingeführt wurde, kamen die weiblichen Primaten noch ganz prima ohne diese seltsamen Fettgebilde an der Vorderfront aus. Ein dezentes Milchdrüsengewebe reichte vollkommen aus, um den Nachwuchs des Ardipithecus Ramidus ausreichend zu ernähren. Ausreichend genug jedenfalls, um als einer der Stammväter des heutigen Homo Sapiens zu gelten.

Erst nach der endgültigen Einführung des African Walkings (die Urform des Nordern Walking), auch aufrechter Gang genannt, legte der maskuline Teil dieser Spezies bei der Evolution sein Veto ein. Zwar nahmen die Männchen ursprünglich die Paarungsbereitschaft meist olfaktorisch war, vermissten aber dennoch die prallen visuellen Reize einer Brunftschwellung. Dem Manne kann geholfen werden, sprach die Evolution und Schwupps, schon ein paar zig Millionen Jahre später liefen die ersten Modelle komplett mit Front- Airbags vom Band. Ausgenommen von ein paar Faceliftings hat sich das System bis heute bestens bewährt. Nur die Brasilianer sagten: „Back to the roots!" Ein schöner Hintern ist anscheinend doch durch nichts zu ersetzen. Diese Meinung teilte wohl auch ein Besucher auf einem Stadtfest in Ahrensburg mit ihnen. Versonnen an seinem Bierglas nippend, den Blick fest auf das absolut perfekte Hinterteil einer ca. Achtzehnjährigen geheftet, entglitt ihm folgendes Bonmot: „Diesen Arsch hat der liebe Gott persönlich rund gelutscht!" Ich musste ihm ohne Abstriche zustimmen.

Gedanken über die Frauen

???????????????????????????????????????
???????????????????????????????????????
???????????????????????????????????????
???????????????????????????????????????
???????????????????????????????????????
???????????????????????????????????????
???????????????????????????????????????
???????????????????????????????????????
???????????????????????????????????????
???????????????????????????????????????
???????????????????????????????????????
???????????????????????????????????????
???????????????????????????????????????
???????????????????????????????????????
???????????????????????????????????????
???????????????????????????????????????
???????????????????????????????????????
???????????????????????????????????????
???????????????????????????????????????
???????????????????????????????????????
???????????????????????????????????????
???????????????????????????????????????
???????????????????????????????????????
???????????????????????????????????????
???????????????????????????????????????
???????????????????????????????????????
???????????????????????????????????????
???????????????????????????????????????

??
??
??
??
??
??
??
??
??
??
??
??
??
??
??
??
??
??
??
??
??
??
??
??
??
?????????????

??
??
??
??
??
??
??
??
??
??
??
??
??
??
??
??
??

!

Hurra, die deutsche Sprache lebt
Hurra, die deutsche Sprache lebt! Sollte man meinen! Seh ich mir aber die modernen Werbeslogans an, kommen mir da berechtigte Zweifel. Steigt mir der Verwesungsgeruch der verbalen Verstümmelungen in die Nase. „Das Auto hat Klima!" Na und? Das hab ich unter meinem Regenschirm auch. Die ganze Welt hat Klima. Sogar meine Unterhose hat Klima. Aber die will ich ja auch schließlich nicht verkaufen. „So muss Technik!" Wie und was, bitte, muss Technik? Haben wir nicht in der Schule gelernt, in ganzen Sätzen zu sprechen? Warum also diese Satzamputationen? Wenden sich die Werbefachleute von Saturn vielleicht doch nur ausschließlich an die Bildzeitungsleser? Sie wissen schon, die Zeitung, bei der die Quintessenz eines Satzes immer fett gedruckt wird, damit die Leser auch ja die wichtigen von den unwichtigen Stellen unterscheiden können. Das Geiz geil ist, haben ich allmählich kapiert, aber wie man chicker guckt, kann ich beim besten Willen nicht nachvollziehen. O- Ton eines Reiseveranstalters: „Ach guck doch mal ein bisschen chicker!" Wie macht man das? Wie guckt man chicker? Bekommt man für diese Art Werbung auch eine Gebrauchsanleitung? Werbeagenturen bekommen viel Geld für ihre Leistungen. Geld, das der Verbraucher zahlen muss. Und was bekommt er dafür? Spots, bei der man nicht mal auf Anhieb

erkennen kann, ob es sich um eine Kaffeereklame handelt oder einen Werbefilm für Kondome. Da heißt es nur: „Tütchen auf, drüber. Fertig!" Die ehrlich Zeiten, wo Hella von Sinnen quer durch den Laden gerufen hat: „Tina, was kosten die Kondome?", sind wohl für immer und ewig vorbei.

Legalize it
Wieder einmal wird in Deutschland darüber diskutiert, ob sanfte Drogen legalisiert werden sollen. Für mich ist es keine Frage des ob, sondern höchstens eine des wann. Oder anders! Kann es sich der deutsche Staat überhaupt noch leisten, sanfte Drogen nicht frei zu geben? Warum sind unsere Politiker auf diesem Auge blind? Sehen sie denn nicht die immensen Potenzen an Wirtschaftswachstum, die dahinter stecken? Ich rede jetzt nicht von den Coffeeshops, die da wie Pilze aus dem Boden schießen werden. Nein, ich denke da in anderen Dimensionen. Größer, gewaltiger! Ich sehe die ganze Macht der großen Konzerne dahinter. Jeder Mann weiß, dass der Genuss von THC- haltigen Drogen Heißhunger hervorruft. Welche Chancen für McDoof, Würgerking und Co. Warum nicht Raucherlaunches, Shishastuben, eingebunden in die Fastfoodketten, einrichten? Für Nichtraucher werden Afghanen-Brownies und Spacecakes als Alternative angeboten. Sie garantieren über den haschischrauchenden Konsumenten, gepaart mit einer All- you- can- eat- Flatrate, die ultimative Wachstumsrate für diese Unternehmen. Die Aktionäre werden begeistert sein! Spacecakes wären sowieso der Knüller. Die großen Bäckereiketten werden ihren Absatz vervielfachen können. Neue Kundenkreise gewonnen. Oma und

Opa sitzen auf dem Canapeé und stippen Haschischkekse in ihren koffeinfreien Kaffee. Phänomenal! Und im Supermarkt, gleich neben den Alkoholika- und Knabbergebäckregalen, ein weiteres für THC- Kräcker, Cannabis- Chips und Marihuana- Nachos. Frei ab sechzehn Jahren. So wird unsere Jugend langsam und schonend über den Konsum der legalisierten Freizeitdroge vorbereitet, auf härtere Sachen. Genau so, wie wir uns damals langsam mit Bier und Wein auf das Komasaufen trainiert haben. Auch die Tabakindustrie wird wieder boomen! Joints in der Zehnerpackung, Davidoff THC, Gras to go! Und die Zubehörindustrie hakt nach. Spezialstopfmaschinen für Haschischkonsumenten, Schillums, Shishas. Die Nachfrage wird immens sein. Und die Nebenwirkungen? Erstklassig! Es wird eine himmlische Ruhe herrschen in Deutschland. Mit gezielt eingesetzten Drogenprogrammen kann der Staat aufmüpfigen Neonazis endlich ein erfülltes Leben bieten. Nicht mehr kackbraun, nein. Jetzt rosarot. Wer genügend stoned ist, jagt auch keinen Flüchtlingen mehr hinterher. Pegidamitgliedern werden aus ihren sinnentfremdeten Versuchen, so etwas, wie eine politische Meinung vorzutäuschen, herausgerissen und in eine rosige Lethargie eingelullt. Die Polizei kann sich endlich mal beruhigt zurücklehnen und entspannt einen Joint rauchen. Und im Bundestag wird endlich einmal eine sehr lockere Atmosphäre herrschen. Darum, Angie! Für Deutschlands Wachstum! Legalize it!

Die ewige Kraft der Liebe
Endlich war es geschafft! Der letzte Nagel eingeschlagen, das letzte Bild aufgehängt. Ich hasse Umzüge. Besonders, wenn sie ins „Ausland" gehen. Ich hatte lange mit mir gerungen, bevor ich das Angebot annahm, in Hamburg als Redakteur zu arbeiten. Ich, der schon unter Heimweh litt, wenn ich mich nur dem Weißwurschtäquator näherte, wagte den Schritt von München nach Hamburg. Und das alles nur meiner Frau Sabine wegen, diesem eingefleischten Nordlicht. Ok, Norderstedt ist nicht direkt Hamburg, aber ziemlich nah dran. Da in der Hafenstadt die Immobilienpreise gastronomisch hoch sind, nahmen wir dankbar das Angebot einer Groß- Cousine meiner Frau an, in Norderstedt ihre Eigentumswohnung zu beziehen. Sie lebt in Neuseeland und war froh, ihre Wohnung in verantwortungsbewusste Hände abgeben zu können. Einzige Bedingung, nachdem Mietnomaden diese Wohnung geschreddert hatten, Totalrenovierung. Kein Problem für vier geschickte Hände. Die Sabines und ihres Bruders Kai, der uns beim Umzug geholfen hatte. Meine Frau war natürlich froh, wieder in ihre angestammte Heimat ziehen zu können. Ich hatte sie im Hofbräuhaus kennen gelernt. Wo denn auch sonst in München. Wie sich damals herausstellte studierte auch sie, genau wie ich, Journalismus. Nur zwei Semester unter mir. Aber das ist schon ein paar Jahre her.

Ich schnitt gerade Champignons für unsere Pizza in feine Scheiben, als es klingelte. Mit dem Ellenbogen drückte ich den Summer. Sekunden später wurde verhalten gegen die Wohnungstür getreten und die Stimme meiner Frau ließ eine aufkeimende Panik erahnen. „Mach auf! Bitte! Schnell! SCHNELL!!!" Die Art, wie sich ihre Stimme überschlug, verriet mir, dass die Sache doch einen ernsteren Hintergrund hatte. Gerade noch rechtzeitig öffnete ich die Tür, als mir Sabine schon, mit einem mächtigen Kürbis im Arm, entgegen fiel. Ich ließ das Messer fallen, das ich noch in der Hand hielt, und konnte gerade noch knapp verhindern, dass der Kürbis auf dem frisch gescheuerten Fliesenboden des Flures zerplatzte. Gerettet! Sabine rappelte sich auf. Sie klopfte sich die Jeans ab und schnaufte mich wütend an: „Danke für das Auffangen! Anscheinend ist dir der blöde Pumpkin wichtiger, als deine Frau!" Ich trug das gewichtige Halloweenteil in die Küche. „Wenn du Gefahr laufen würdest, in tausend Teile zu zerspringen, wenn du hinfällst, hätte ich dir natürlich den Vorzug gegeben, mein Schatz!" „Sehr aufmerksam!" Ich grinste: „Keine Ursache! Ich denke nur pragmatisch! Eine zerschollene, ausgewachsene Frau macht mehr Dreck, als ein handelsüblicher Kürbis." Mein geliebtes Ehegesponst stand am Küchentisch und trommelte herausfordernd mit den Fingern auf die Platte. Ich beeilte mich zu fragen: „Hast du noch mehr eingekauft?" Meine bessere Hälfte wies nur mit dem Kinn zur Wohnungstür. Schon zwanzig Minuten später war ich fertig mit der Schlepperei. Sabine hatte bereits alle Getränke für unsere Halloweeneinweihungsfete besorgt. Kunststück. Der notgeile Chef unseres Supermarktes und sein pickligere Azubi hatten ihr ja auch, wie immer, den Wagen beladen. Sie musste sich mit gar nichts abschleppen. Ich wette, der Supermarktchef würde auch auf ihren Fingerzeig hin die Niagarafälle durch unsere Wohnzimmer leiten, wenn sie es wünschte. So, wie er sie immer angierte, wenn sie bei ihm einkaufen ging. Na, wenigsten hatte Sabine in der Zwischenzeit die Pizza fertig belegt und in den Ofen geschoben. Der aromatische Duft verbreitete sich in der Wohnung. Meine Pizze sind die eben besten. Spontan beschloss ich, für uns beide eine kleine, private Einweihung zu zelebrieren. Ich deckte den Tisch in der Essecke mit unserem besten Geschirr, nutzte das Rauschen der Dusche aus, unter der Sabine gerade stand, um heimlich in den Keller zu huschen. Dort hatte ich noch für besondere Anlässe ihren Lieblingswein versteckt. Chateauneuf du Pape. Domaine du Pegau Cuvee Reserve. Dreißig Euro die Flasche. Als Sabine aus dem Bad kam, in Turban und Badelaken gehüllt, brannten bereits die Kerzen in den Silberleuchtern. Ich liebe diesen Blick, wenn man sie überrascht. Dieser Moment, wenn ihre Schultern nach vorne sacken, die Knie leicht nachgeben und ihre Augen diesen unendlich sanften Ausdruck bekommen, der sie so zart und verletzlich macht. Nachdem mir Sabine nach dem Essen zweimal hintereinander ihre Dankbarkeit bewiesen hatte, gingen wir schweren Herzens zur Tagesordnung über. Sie ging in die Küche, um ihrer Vorstellung von einem geschnitzten Halloweenkürbis Ausdruck zu verleihen, ich setzte mich an meinen Rechner. Leise fluchend über eine verhunzte Excel- Tabelle meines Vorgängers machte ich mich auf einen langen Abend gefasst. Plötzlich ließ mich ein markerschütternder Schrei hochfahren. Immer wieder das gleiche! Diese Frau und ihre Arachnophobia. „Nimm einen Hausschuh und mach sie selber tot! Ich habe keine Zeit!" Statt einer Antwort kam ein zweiter, noch längerer Schrei aus der Küche. „Na", dachte ich. „Diesmal ist sie wohl besonders groß." Seufzend zog ich mir einen Schlappen vom Fuß und hinkte in die Küche. Sabine stand da, beide Hände vor den Mund gepresst, kreidebleich und zitterte am ganzen Leibe. Sie starrte mich an, wies auf den Kürbis und stotterte: „Ddda, er, er, er hat geweint! Er hat Blut weint! Und er hat geschluchzt!" Und tatsächlich. Aus dem frisch eingeschnittenen Auge tropfte eine rote Flüssigkeit. „Er hat gestöhnt! Herzzerreißend gestöhnt!" Ich tippte mit dem Finger in das vermeintliche Blut und rieb es prüfend zwischen meinen Fingern. Es hatte schon die etwas schmierige Konsistenz wie Blut. Jedenfalls nicht die eines Pflanzensaftes. Ich leckte vorsichtig an meiner Fingerspitze und spie erstaunt aus. Das Zeug schmeckte auch typisch metallisch nach Blut. „Er hat gestöhnt, als ich das Auge ausschneiden wollte. Ganz laut gestöhnt." Gut, das mit dem Blut war schon seltsam. Aber stöhnen? „Wer weiß, was du da gehört hast. Der ist eben hohl von innen. Das klingt anders, wie Brotschneiden, wenn man daran rumschnitzt." Jetzt wurde Sabine wütend. „Du glaubst wohl, ich spinne, was? Hier! Dann probier es doch einmal selber, du Klugscheißer!" Sie drückte mir das Messer in die Hand. „Na los doch! Mach schon! Du wirst ja sehen!" Da ich prinzipiell nicht an das Übernatürliche glaube setzte ich beherzt das an Messer und stach zu. Als die Klinge in das orangene Fruchtfleisch drang, hörte ich einen kurzen Aufschrei, der tief aus dem Innersten des Kürbisses zu kommen schien. Gefolgt von einem langen Stöhnen, das in ein leises, kindliches Wimmern überging. Mir lief es eiskalt den Rücken herunter. Aus dem Einstich tropften große, schwere Blutstropfen an der Messerklinge entlang auf den Küchentisch. Sofort zog ich die Klinge heraus. Verwirrt sah ich Sabine an, zog sie zu mir heran und hielt sie fest. Ich weiß nicht, wie lange wir gemeinsam den Kürbis angestarrt haben. Irgendwann lösten wir uns aus unserer Erstarrung. Ich nahm diesen unseligen Kürbis beim Stiel und

warf ihn im Schutze der Dunkelheit vom Küchenbalkon in die Büsche. Als ich mich umdrehte sah ich gerade noch, wie sich die Blutlache auf dem Tisch ins Nichts auflöste.
Nach einer kurzen, unruhigen Nacht und dem flauen Gefühl im Magen, als wenn ich zwei Wochen durchgesoffen hätte, ging ich in die Küche. Vielleicht würde mich ein starker Kaffee wieder auf klare Gedanken bringen. Als ich in die Küche kam, erstarrte ich. Auf dem Tisch lag dick und breit der Kürbis. In einer großen Blutlache. Und irgendjemand hat mit blutigen Lettern „Hilfe" darunter geschrieben. Ich rannte ins Schlafzimmer. Aber meine Frau lag noch immer schlafend im Bett. Mit der gleichen, verkniffenen Miene, wie ich sie vor wenigen Minuten verlassen hatte. Ich überlegte. Sollte das ein makabrer Halloweenstreich werden? Hatte sie den Kürbis heimlich wieder hoch geholt? Unwahrscheinlich. Ich hätte mitbekommen, wenn sie die Wohnung verlassen hätte. Was sollte ich tun? Kurzerhand stellte ich das unheimliche Teil auf den Küchenbalkon. Diesmal löste sich das Blut nicht auf. Ich wischte den Tisch sorgfältig ab und begann, das Frühstück vorzubereiten.
Nach dem Frühstück brachte ich beim Abwaschen vorsichtig wieder die Rede auf den Kürbis. „Hör bloß auf mit dem Ding. Der hat mir so einen Schrecken eingejagt, so etwas kommt mir nie wieder ins Haus. Nie wieder, hörst du?" „Ich zuckte

nur mit den Schultern. „Ich fürchte, Schatz, dein frommer Wunsch kommt zu spät. Schau mal auf den Balkon." Sabine sprang auf und eilte zur Balkontür. „Warum hast du ihn wieder hochgeholt?" Sie sah mich wütend an. „Was soll das? Willst du mich ärgern? Ich finde das absolut nicht lustig!" Ich nahm sie sanft bei der Hand und führte sie zu ihrem Platz zurück. Dann erklärte ich mit wenigen Worten, was ich vorhin in der Küche vorgefunden hatte. Ungläubig lauschte sie meinem Bericht, schwieg einige Minuten und dachte nach. Dann erhob sie sich, ging zur Balkontür und starrte auf diesen vermaledeiten Kürbis. Auf einmal ging ein Ruck durch ihren attraktiven Körper. Ihr Rückgrat streckte sich und ihr ganzer Körper nahm eine kämpferische Haltung an. Sie wies mit dem Finger auf den Kürbis. „Du willst Krieg? Mit mir? Kannst du haben, mein Freund! Kannst du haben!" Sie stippte mir mit dem Finger auf die Brust. „Ich will wissen, was mit dem Ding los ist. Ich will wissen, warum ein Kürbis weint, ich will wissen, warum er schreit und ich will wissen, wo er her kommt. Ich will einfach nur wissen, was da für eine Geschichte hinter steckt. Wir verschieben die Einweihungsfete! Wir haben wichtigeres zu tun. Los jetzt! Wozu sind wir schließlich Journalisten?"
Mit Hilfe des notgeilen Supermarktleiters und Sabines tief dekolletiertem Pullover fanden wir schnell heraus, dass die Kürbisse aus der Südheide

kamen. Genauer gesagt, aus Waldheim, einem kleinen Dorf bei Belsen. Sabine beschloss, dass wir sofort losfahren. Kurz vor Waldheim, an einem kleinen Hügel, blockierte ein Traktor die einzige Straße zum Dorf. Ein älterer Mann kuppelte gerade einen Anhänger an seine Zugmaschine. Auf dem Hänger war ein großes Schild montiert. „Kürbisse selber ernten! Stück 8,- €" Ich stippte meine Frau mit dem Ellbogen in die Rippen. „Schau mal, das Schild." Sabine nickte, überlegte kurz und stieg aus. Dann schlenderte sie lässig zu dem Traktor hinüber. „Moin! Wird es noch lange dauern, bis wir weiter können?" Der Traktorfahrer blickte nur kurz auf. „Nö. Kleinen Moment noch." Sabine sah dem Mann einen Augenblick zu, dann ließ sie ihren Blick über den Acker schweifen. Genauer gesagt, dem abgeernteten Kürbisfeld. Nur in der Mitte des Feldes leuchtete noch ein prächtiger Kürbis aus den verwelkenden Blättern. „Sagen sie", wendete sie sich wieder an der Traktorfahrer, „Wem gehört den das Feld?" Der Gefragte stieg auf seinen Traktor. „Bis jetzt noch dem Bauern Wellmann. Warum?" „Ah, nur so. Und warum, bis jetzt noch? Will er verkaufen?" „Jo. An eine große Baugesellschaft. Die wollen hier überall schmucke kleine Eigenheime für die Städter hinsetzen. In einem viertel Jahr soll es schon losgehen. Wellmann ist der letzte, der verkauft. Und das auch nur unter dem Druck des Gemeinderates. Aus irgendwelchen Gründen hängt er an dem Acker. Obwohl da seit langem so gut, wie nichts mehr wächst. Nur noch eben diese blöden Kürbisse." Sabine nickte. „Aha! Aber mal was ganz anderes! Sagen sie, der Kürbis da oben, kann ich den noch kaufen? Wir brauchen noch so einen großen" Der Mann auf dem Traktor lachte. „Kaufen? Geschenkt haben können sie ihn. Geschenkt! Nehmen sie ihn mit, wenn sie können. Nehmen sie ihn ruhig mit!" Er lachte noch einmal schallend auf, schüttelte den Kopf und gab Gas. Sabine stieg wieder ins Auto. „Das war vielleicht ein merkwürdiger Patron. Irgendwie unheimlich der Kerl. Und eine Fahne hat der gehabt, Junge, Junge! Aber immerhin. Er hat das bestätigt, was der Supermarktheini mir angegeben hat. Er bezieht seine Kürbisse und anderes Gemüse aus dieser Gegend. Unter anderem auch von einem Bauern Wellmann." Ich gab meiner Frau einen Kuss. „Ich bin stolz auf dich. Ich glaube nicht, dass ich mit meinem bayrischen Akzent überhaupt etwas aus ihm herausbekommen hätte. Es ist doch immer wieder praktisch, wenn man eine Dolmetscherin dabei hat." „So oberbayrisch ist dein Akzent aber nun auch nicht. Da habe ich schon schlimmeres gehört Aber was ganz anderes! Ich habe Hunger." Ich zückte mein Handy. „Dann sehen wir mal nach, ob es in diesem Kaff auch eine Wirtschaft gibt." Sabine lächelte. „Schatz, da brauchst du nicht lange nach zu schauen! In jedem Kaff gibt es mindestens ein Wirtshaus." Und richtig. Gleich am Marktplatz von Waldheim war das „Gasthaus zur Post". Als wir eintraten stritt sich die Wirtin gerade mit ihrem einzigen Gast. Dem Traktorfahrer von vorhin. „Ich hab dir schon vier Mal gesagt, du kriegst hier nichts mehr! Bezahl erst mal deinen Deckel, dann sehen wir weiter! Klar?" Der Treckerfahrer fing das Bitten an. „Ach komm schon, Bärbel, sei doch nicht so. Bloß nur noch ein Lütt un Lütt! Ich zahl nächste Woche, ich schwöre es!"

Wir suchten uns den besten Platz in der leeren Gaststube. Die Wirtin hinter der Theke putze die Gläser. Sabine rief zu ihr herüber: „Bitte, können wir etwas zu Essen haben?" „Rinderroulade habe ich da. Mit Knödeln und Rotkohl. Oder ein Gulasch. Auch mit Knödeln und Rotkohl" Und den Traktorfahrer schnauzte sie an: „Und du siehst zu, dass du weiterkommst. Sonst werde ich ungemütlich!" Sabine intervenierte. "Nun geben sie dem Mann schon seinen Lütt un Lütt. Ich bezahl das schon." Der Mann wieselte zu einem der Tische, setzte sich und sah die Wirtin erwartungsfreudig an. „Nu mach schon, was dir die Dame aus der Stadt gesagt hat. Oder soll ich hier verdursten?" Die Wirtin drohte ihm mit dem Geschirrtuch. „Teuv man, Bursche! Teuv man!" Und zu uns gewandt: „Und? Haben sie sich schon entschieden?" Das tat Sabine für mich. „Zweimal Rinderrouladen bitte" Dann, spontan an den

Traktorfahrer: „Wollen sie auch eine Rinderroulade? Sie sehen hungrig aus!" Der Angesprochene buckelte unterwürfig im Sitzen. „Wenn`s keine Umstände macht, lieber das Gulasch, bittschön." Die Wirtin knallte dem Fahrer seine Getränke auf den Tisch. „Erstick dran, du verdammter Schnorrer, du!" Dann kam sie an unseren Tisch. „Also, zweimal Rinderroulade und einmal Gulasch. Und was wollen sie trinken?" Für Getränke bin ich immer zuständig. „Ein Bier und ein großes Spezi, bitte." „Wird einen Moment dauern. Ich bin heute allein in der Küche." Sprach`s und entschwand. Der Treckerfahrer prostete uns zu. Sabine nickte zu ihm rüber. „Aber ganz umsonst ist das nicht. So ein gutes Essen gibt es natürlich nicht ohne Gegenleistung." Sie erhob sich, ging zu dem Tisch hinüber und setzte sich zu dem verunsichert dreinschauenden Mann. „Bezahlen kann ich aber nicht. Sie haben ja gehört, ich bin blank." „Nee, nee", beruhigte Sabine ihn. „So war das nicht gemeint. Sie sollen mir nur etwas erzählen. So, über die Leute, hier im Ort. Und warum sie vorhin so gelacht haben, wegen des Kürbisses. Ich bin übrigens Sabine." Der Treckerfahrer erhob sich andeutungsweise. „Werner! Angenehm!" Von jetzt an ließ Sabine ihn nicht mehr aus den Klauen. Als geschickte Journalistin verstand sie es, dem Werner Informationen aus der Nase zu ziehen. Und da sie ja ein wenig Plattdeutsch beherrschte, war das auch

nicht sehr schwer für sie. Nach dem er erst mal Vertrauen zu ihr gefasst hatte, das war so ungefähr nach dem dritten Lütt un Lütt, erzählte er Sabine so ziemlich die ganze Historie des Ortes seit seiner Geburt und noch davor. Ich war abgeschrieben. Meine Roulade vertilgte ich allein an meinem Tisch, während meine Frau beim Essen mit Werner dem alten Dorfklatsch von Anno Dunnemal lauschte. Noch einmal drei Lütt un Lütt später erhob sich der alte Mann unsicher, gab Sabine die Hand und bedankte sich etliche Male für das gute Essen und die Getränke. Dann wankte er von dannen. Einen Augenblick später hörte man draußen einen Traktor starten und davon rattern. Sabine kam grinsend an meinen Tisch zurück. „Wie der noch auf den Bock gekommen ist möchte ich auch gerne wissen."
Dann wurde sie ernst. „Scheint hier einiges los gewesen zu sein, im Krieg. Waren viele Nazis, hier im Dorf. Selbst der Pfaffe war ziemlich braun angehaucht. Aber am schlimmsten war wohl der alte Wellmann. Der Vater von dem jetzigen Besitzer des Kürbisackers. Ist hier wohl Ortsbauernführer gewesen, im Ort. Soll ein ziemlich brutaler Hund gewesen sein. Er hatte acht Kz`ler auf seinem Hof. Der Bürgermeister hatte sie ihm vermittelt. Der hatte einen guten Draht zum KZ Bergen- Belsen. Die Zwangsarbeiter sollen bei ihm mehr Prügel, als zu essen bekommen haben. Nachts hat er sie in einen Melkstall gesperrt. Den hat er angeblich selber

angezündet, als die Tommies anrückten. Mit den KZ`lern darin. Seltsamerweise hat man aber nur die Überreste von sieben Leichen gefunden. Ob die achte Person irgendwie entkommen konnte, ist ungewiss. Das Ganze ist natürlich nie Publik geworden. So eine Dorfgemeinschaft hier hält zusammen. Bevor die Tommies hier einrückten hatten sie längst die Leichen verscharrt und den Stall dem Erdboden gleich gemacht. Dann haben sie noch das Grasland umgepflügt und Hafer ausgesät. Allerdings soll der Acker verflucht sein. Angeblich soll da nichts gedeihen. Und das bisschen Hafer, was sie damals dort geerntet hatten, hat das Viehzeug nicht angerührt. Sagt man. Und jetzt hat er dort Kürbisse angebaut. Zum Selber- ernten für die Städter. Aber was mit dem letzten Kürbis los ist, hat mir Werner nicht verraten. „Du wirst es schon selber merken!" hat er gesagt. „Holt ihn euch nur. Holt ihn euch!" Und dann hat er wieder nur so seltsam gelacht." Ich stand auf. „Na, denn tun wir doch das, was der Werner gesagt hat. Holen wir uns den Kürbis."
Der Acker war zwar relativ trocken, aber für Sabine mit ihren Ballerinas völlig ungeeignet. Ich beschloss, dass ich den einzigen Kürbis, der da noch auf dem Feld lag, auch alleine ernten konnte. Es war zwar ein Mordstrum, aber rund. Und runde Sachen kann man bekanntlich rollen. Besonders, wenn der Acker abschüssig ist. Also stapfte ich

tapfer alleine los. Es war wirklich ein prächtiger Kürbis. Unverständlich, das ihn keiner haben wollte. Als ich die Klinge meines Taschenmessers ansetzte, gab er einen entsetzlichen Schrei von sich. Genauso wie der, bei uns in der Küche. Ich versuchte es noch einmal. Das Messer rutschte von dem Stiel ab und der Kürbis schrie wieder erbärmlich. Ich bin eigentlich kein furchtsamer Mensch, aber jetzt lief es mir doch eiskalt über den Rücken. Sabine war aus dem Auto gestiegen und sah zu mir herüber. Noch einmal setzte ich das Messer an. Mit dem gleichen Ergebnis. Ich klappte es zusammen und ging zum Wagen zurück. „Das ist gruselig. Der schreit genauso, wie der, bei uns zu Hause. Und er lässt sich nicht abschneiden."
Sabine sah mich verwirrt an. „Was soll das heißen, lässt sich nicht abschneiden?" „Keine Ahnung. Der Stiel lässt sich nicht mit einem Messer durchtrennen. Als ob ich an einem Stahlseil herum schneiden würde. Kein Kratzer war zu sehen."
„Wenn er sich nicht abschneiden lässt müssen wir ihn eben ausgraben. Ich will hinter sein Geheimnis kommen! Du hast doch immer ein paar Gummistiefel im Auto. Her damit!" Manchmal habe ich direkt Angst vor dieser Frau. Ihre Art, auf unbekannte Dinge zuzugehen, kann einem schon Bangen machen. Ich öffnete den Kofferraum und wühlte nach den Stiefeln. „Und bring den Klappspaten mit!" Der gehörte wohl zu der

Grundausstattung des Vorbesitzers meines Autos. Ich habe ihn drin gelassen. Man weiß ja nie, wann man ihn mal gebrauchen könnte. Und anscheinend war es jetzt soweit. Gemeinsam gingen wir jetzt das Problem Kürbis an. Beziehungsweise, Sabine trug den Spaten und ich durfte dann buddeln. Ich folgte der Ranke bis zur Mutterpflanze und fing an zu graben. Mehr und mehr legte ich die mächtige Pfahlwurzel frei. Aber nach knapp einem dreiviertel Meter gab es einen dumpfen Ton, als ich den Spaten in den Erdboden stieß. Wenig später hatte ich einige Holzbohlen freigelegt, die im Erdreich vor sich hin moderten. Die Wurzeln hatten sich zwischen zwei Bohlen den Weg ins Erdinnere gebahnt. Ich stieg mit einem Fuß in das Loch hinab, um mit dem Spaten die Bretter auseinander zu hebeln, als das morsche Holz unter meinem Gewicht nachgab. Sabine griff geistesgegenwärtig nach meinem Arm und zog mich zurück. Unter meinem Fuß klaffte ein dunkles Loch. „Wir brauchen eine Taschenlampe. Holst du die bitte, Schatz?" Während Sabine zum Wagen lief, versuchte ich mit meinem Fuß noch einige andere Bohlen loszutreten. Mit Erfolg. Kurz darauf tastete der Strahl der Lampe das Innere des Loches ab. Es musste sich um eine eingefallene Grube handeln, die zu was weiß ich für Zwecke einmal gebaut wurde. Man konnte noch die gemauerten Wände erkennen. Bohlenreste und Backsteine lagen auf dem Boden herum. Plötzlich schrie Sabine auf! „Da! Da!" Sie sah aus, als wenn sie einen Geist gesehen hätte. Ich beugte mich leicht vor und konnte es jetzt auch erkennen! Auf dem Boden der Grube lag ein Körper. Ein Körper, skurril verdreht, mumifiziert und bekleidet mit einer Art Gefängniskleidung. Auf der Brust prangte ein schmutzig- gelber Judenstern. Die lederne Fratze des Gesichts, eingerahmt von verfilzten, rötlichen Haaren, schien zu grinsen. Und durch einer ihrer Augenhöhlen wuchs die Wurzel des Kürbisses. Ich sprang auf. Mein Herz raste. Haltsuchend griff ich nach Sabine, zog sie zu mir heran und wir hielten uns gegenseitig fest. Unsere Körper bebten. Nach langen, endlosen Minuten lösten wir uns voneinander. „Was machen wir jetzt?" Ich zog mein Handy aus der Tasche. „Das einzig Richtige in diesem Fall. Ich ruf die Polizei an." Mit knappen Worten schilderte ich dem Beamten unseren Fund. Der musste sich erst einmal mit seinem Vorgesetzten besprechen. „Sie, hören sie. Einen Leichenfund muss ich bei der Kripo in Celle melden. Das kann eine Weile dauern, bis die vor Ort sind. Verlassen sie bis dahin bitte nicht den Tatort. Äh, ich meine natürlich den Fundort. Ich werde mit einem Kollegen sofort zu ihnen herauskommen." Wir gingen zum Wagen zurück. Ich startete den Motor und drehte die Heizung voll auf. In diesem Moment war mir die Umwelt scheißegal. Jetzt wollte ich es nur noch warm haben. Mir lief es nämlich immer noch eiskalt den Rücken herunter, wenn ich an die mumifizierte Leiche dachte und ich wollte, verdammt noch mal, dass das endlich aufhört. Sabine saß kreidebleich neben mir und zitterte auch, trotz ihrer Daunenjacke, die sie an hatte, vor sich hin. „Was meinst du? Wie ist die da hingekommen? Und warum die wohl nicht verwest ist? Uahhhh. Hast du gesehen, wie sich die Wurzel durch die Augenhöhle gewunden hat?" Sie schüttelte sich. „Das Bild werd ich meinen Lebtag nicht mehr los! Verdammt noch mal! Was gäbe ich jetzt für einen Jagertee. Mit viel Schuss!"

In der Ferne ließ sich leise ein Martinshorn vernehmen. Das Auf-und Abschwellen des Signals kam immer näher. Und dann rauschte über die Hügelkuppe der Polizeiwagen heran. Der Fahrer zog nach links rüber und bremste knapp vor unserem Wagen, als wenn er uns den Fluchtweg abschneiden wollte. Sabine tippte sich verhalten gegen die Stirn. „Zuviel Alarm für Cobra 11 gesehen, scheint`s mir." Zwei ältere, nicht gerade schlanke, Vertreter des Gesetzes entstiegen dem Streifenwagen und kamen gewichtigen Schrittes zu uns herüber. Ich ließ das Fenster herunter. „Moin!" Der ältere der beiden salutierte. „Sind sie die Leute mit dem Leichenfund?" Ich nickte bestätigend. „Dann schalten sie den Motor bitte einmal ab, steigen aus und zeigen mir ihre Papiere. Den Rest werden wir dann schon sehen." Ich tat, wie mir geheißen und der Beamte blätterte in meinen Fahrzeugpapieren. Sein Kollege kümmerte sich um Sabine. Er überprüfte sorgfältig ihren Personalausweis und Führerschein, nickte dann irgendwann mal und gab ihr die Papiere zurück. „Scheinen ja in Ordnung zu sein. Und wo soll jetzt die Leiche liegen?" Sie zeigte zu dem Kürbis auf den Acker hinüber. „Da oben! Aber glauben sie nicht, dass ich da noch einmal hingehe. Im Leben nicht. Nicht zu dieser grusligen Leiche!" „Sie müssen ja sowieso beide hier unten bleiben. Damit sie keine Spuren zertrampeln." Sabine atmete erleichtert auf. „Aber dann tun sie mir doch bitte einen Gefallen! Bringen sie mir meine Taschenlampe mit. Ich habe sie da vor Schreck fallen gelassen, als wir die Leiche entdeckt haben." Der Beamte salutierte bejahend und marschierte dann mit seinem Kollegen den Hügel hinan. Sie machten es sich gleich zu nutzen, dass unsere Taschenlampe da noch lag. Der Dienstältere leuchtete umständlich das Loch aus, kratzte sich mehrmals am Kopf und trat dann mit seinem Kollegen den Rückweg an. Auf der Straße stampften sie sich ausgiebig den Ackerlehm von den Schuhen. Der Chef der beiden drückte dann Sabine die Lampe in die Hand. „Wie ich schon richtig vermutet habe. Das ist eine Sache für die Kripo. Wir sind eigentlich für andere Sachen zuständig, wenn sie wissen, was ich meine." „Ich glaub schon, so ab Kaugummidiebstahl aufwärts. Oder so." Der Polizist runzelte die Stirn. War der Spruch von dieser Frau jetzt Verarsche oder wie war das gemeint? Manchmal ist sie von so voll subtiler Bissigkeit, dass man ihren Zynismus kaum bemerkt. Ich hatte nicht vor, mich noch länger mit den überforderten Dorfsheriffs abzugeben und zog mich wieder in den Wagen zurück. Irgendwo grub ich in den Pfründen meines Handschuhfaches noch einen alten Schokoriegel aus und lehnte mich zurück. Während Sabine sich noch mit den Schergen unterhielt, ließ ich mir die ganze Sache noch einmal durch den Kopf gehen. Schreiende Kürbisse, Ranken, die sich nicht durchtrennen ließen, eine mumifizierte Leiche? Alles höchst merkwürdig. Das mit dem schreienden Kürbis werde ich wohl der Kripo gegenüber nicht erwähnen. Zwangsjacken stehen mir nicht besonders gut. Ich drehte das Radio an und wartete. Irgendwann kam Sabine zu mir ins Auto, weil ihr kalt wurde. Ich riet ihr auch gleich, nichts der Kripo von den schreienden Kürbissen zu erzählen. Das würde uns doch eh keiner glauben. Sie sah mich mitleidig an. „Schade, dass du mir das gesagt hast. Ich wollte schon immer Mal eine geschlossene Anstalt von innen sehen." Ich wollte gerade retournieren, dass sie, wenn sie so weiter mache, mich dort auch in absehbarer Zeit besuchen könne, als ich die Fahrzeugkolonne bemerkte, die sich über dem Hügel näherte. Ein PKW, ein Kombi und ein Leichenwagen. „Da, sie kommen!" Ich stieg aus und ging zu dem Streifenwagen hinüber. Die Beamten wieselten schon um den Dienstwagen der Kripo herum, der gerade vor ihnen gehalten hatte. Diensteifrig nahm der jüngere der beiden die Mütze ab, riss den Schlag auf und salutierte. Alte Schule eben. Der Kripomann stieg aus und schüttelte den Kopf über so viel altehrwürdigen Kadavergehorsam. „Mann, setzten sie die Mütze wieder auf! Wir können es uns nicht erlauben, dass sich unsere Beamten im Dienst erkälten. Das machen sie gefälligst in ihrer Freizeit! Verstanden?" Der Polizist salutierte noch einmal und setzte sich die Dienstmütze wieder auf. „Verstanden! In der Freizeit! Jawoll!" Anscheinend ist der Zynismus in dieser Bemerkung an ihm vorüber gegangen. „Und sie haben die Leiche entdeckt?" Der Kriminalbeamte kam auf mich zu und streckte mir die Hand entgegen. „Wiesler, mein Name. Und das ist mein Kollege Kaltenbrunner. Dann erzählen sie mir doch mal, wie es zu diesem Fund kam." Ich reichte ihm die Hand, stellte mich ebenfalls vor und berichtete, wie wir versucht hatten, den Kürbis abzuschneiden, es mir aber mit meinem kleinen Taschenmesser nicht gelungen ist. Bei dem Versuch, die Wurzeln des Kürbisses auszugraben sind wir dann eben auf die Leiche gestoßen. „Und warum haben sie dann die Ranke nicht einfach mit dem Klappspaten durchtrennt? Wäre doch viel einfacher gewesen, für sie", drängte sich Kaltenbrunner in den Vordergrund. Ich lachte. „Das hätten sie vielleicht getan. Das wird daran liegen, dass es uns Städtern so ziemlich an dem Pragmatismus der Landbevölkerung mangelt. An solche Möglichkeiten denkt unsereiner schlicht und einfach nicht." Im Hintergrund machten die Herren der Spurensicherung ihre weißen Overalls klar. Langsam schlenderten wir den Hügel hinan und Wiesler stellte noch die eine oder andere Frage. Warum wir hier wären, was ich beruflich tue, und so weiter und so fort. An der Grube angekommen sah er sich die Mumie im Schein seiner Taschenlampe kurz an und rief dann den Herren in Weiß zu, dass es hier für sie nichts zu tun gäbe. „Die wären hier eh ein paar Jahrzehnte zu spät dran. Ist ein reiner Fall für die Pathologie, " erklärte Wiesler mir. Er winkte den Uniformierten heran. „Nehmen sie die Herren vom Bestattungsinstitut und bergen sie die Leiche. Aber vorsichtig, meine Herren! Nichts zerbrechen! Und nicht ohne Handschuhe. Sie wissen schon! Der Fluch der Mumie!" Gerade, als die Beamten sich auf dem Weg zum Leichenwagen machen wollten, kam ein alter Traktor mit Vollgas über den Hügel geknattert. Er hielt mit quietschenden Bremsen direkt vor uns und ein älterer Mann sprang wütend vom Bock. „Ja, was fällt ihnen denn ein, hier meinen

Acker zu durchwühlen? Haben sie eine Erlaubnis dafür, oder was?" schnauzte er gleich los. Kaltenbrunner trat auf den Mann zu. „Dann sind sie der Eigner dieses Flurstückes?" „Wen geht das was an, du Sesselfurzer?" Der Bauer, anscheinend war es ja der, baute sich drohend vor dem Polizeibeamten auf. Doch da trat Wiesler beschwichtigend dazwischen. „Sehen sie, ich weiß zwar nicht, wer sie sind, aber ihrem Auftreten nach sind sie anscheinend der Eigentümer dieses Ackers und somit haben sie ja auch ein Recht darauf, zu erfahren, was wir hier machen. Aber wollen wir uns nicht doch erst einmal einander vorstellen? Mein Name ist Wiesler. Kriminalkommissar der Polizei Celle. Und sie heißen?" „Die Kripo? Hier auf meinem Acker? Da schau her!" Er lupfte seinen Hut. „Franz Wellmann! Angenehm!" Wiesler erklärte mit knappen Worten die Sachlage und führte den Bauern an die Grube heran. Der warf nur einen kurzen Blick auf die Mumie und wurde kreidebleich. „Roxana!" schrie plötzlich er auf. „Mein Gott, Roxana!" Dann griff er sich ans Herz und brach zusammen. Die Kripomänner stürzten zu ihm hin. Wiesler gab ihm leichte Klapse auf die Wangen. „Herr Wellmann, hören sie mich? Hallo, Herr Wellmann? Herr Wellmann! Was ist mit ihnen? Herr Wellmann?" Er schaute kurz auf und rief den beiden Wachtmeistern, die sich gerade mit den Bestattern unterhielten zu: „Stehen sie da nicht so dumm rum.

Sehen sie nicht, dass hier ein Notfall vorliegt? Verständigen sie einen Notarztwagen und holen sie eine Decke! Aber Dalli!" Bevor der Beamte loslief, rief ich ihm noch schnell zu: „Bei mir im Wagen ist auch noch eine Decke! Und sagen sie meiner Frau Bescheid. Sie war früher mal beim Roten Kreuz. Die kann helfen!" Das war aber überflüssig. Sabine hatte längst bemerkt, dass hier etwas nicht stimmte Schon kam sie mit der Decke unter dem Arm und mit dem Verbandskasten in der Hand den Hügel hochgestürmt. Sofort fühlte sie dem Bauern den Puls, hob sein Augenlid hoch und machte sich dann daran, ihm die Beine hoch zu lagern. Der Wachtmeister reichte ihr keuchend die zweite Decke. „Sanka kommt!" pustete er. „Hab gleich in der Zentrale Bescheid gesagt." Sabine sah auf. „Rettungshubschrauber wäre besser. Der Puls flattert ganz schön." Der Polizist nickte kurz und rannte zu seinem Streifenwagen zurück. Unvermittelt schlug Bauer Wellmann die Augen auf. „Roxana? Roxana, wo bist du?" Sabine drückte sanft ihn nieder, als er sich erheben wollte. „Sie müssen schön liegen bleiben, Herr Wellmann. Sie hatten einen Schwächeanfall. Der Hubschrauber ist schon unterwegs!" Der alte Mann sank zurück. „Hubschrauber? Schwächeanfall? Aber ich muss doch zu Roxana! Die liegt doch dort. Sicher ist ihr kalt! Ich muss sie doch wärmen. Sie friert doch immer so leicht." Die Augen des Mannes wurden klarer und ein paar Tränen rannen ihm die Wangen herunter. Er sah Sabine verzweifelt an und mit der sanften Stimme des Erinnerns flüsterte er: „Sie hat immer so leicht gefroren, wissen sie`? So leicht gefroren." Kommissar Wiesler kniete sich neben ihn. „Hallo Herr Wellmann. Sie haben uns ja einen schönen Schrecken eingejagt. So einfach umzukippen. Was hat sie denn so erschreckt? Wissen sie denn, wer da unten liegt?" Der Bauer nickte mit geschlossenen Augen. „Roxana Mandelbaum. Eine Jüdin aus Tichau in Polen. Jetzt heißt es wohl Tychy, glaub ich. Sie war mit ihrer Mutter Maria ins KZ nach Bergen- Belsen deportiert worden. Sie gehörte zu den Zwangsarbeitern, die mein Vater auf dem Hof beschäftigt hatte." Er hielt kurz inne, um sich zu sammeln, und erzählte dann leise die Geschichte einer jungen Liebe, die so grausam enden musste. Die Geschichte einer unschuldigen Liebe zwischen einem dreizehnjährigen Mädchen aus Polen und einem schüchternen fünfzehnjährigen Jungen vom Lande, der von seinem herrschsüchtigen Vater brutal gegängelt wurde. Dieser Vater war der Ortsbauernführer und eng mit dem Bürgermeister befreundet. Der wiederum hatte beste Beziehungen zur SS- Führung der Lagers Bergen- Belsen. So kam es, dass ihm im Spätsommer 1944 acht KZ- ler als Erntehelfer zugeteilt wurden. Darunter auch Maria Mandelbaum mit ihrer Tochter Roxana.

Roxana war eigentlich viel zu schmächtig für diese harte Arbeit. Aber das hatte die Nazis bekanntlich wenig interessiert. Und schon gar nicht seinen Vater. Im Gegenteil. Der ließ sie von Sonnenaufgang bis zur Dämmerung gnadenlos schuften. Und zu essen gab es nur einmal am Tag. Altes Brot, was er vom Bäcker geschenkt bekommen hatte. Es gab ja doch auch noch Menschen im Ort, denen das Schicksal der Zwangsarbeiter nicht ganz egal war. Nur, allzu sehr zeigen durfte das niemand. Wenn man jetzt meinte, die Zwangsarbeiter bekamen das ganze alte Brot zu essen, hat man sich getäuscht. Damit fütterte sein Vater Gustav lieber die Schweine satt. Nur das, was er ihnen nicht zumuten mochte, bekamen die Deportierten in den alten Melkstall geworfen, in dem sie untergebracht waren. Das Brot und einige Futterrüben, aus denen sie sich eine Suppe kochen konnten. Franz Wellmann sah die Gruppe der Zwangsarbeiter immer, wenn er zur Schule ging. Wie sie Kartoffelmieten schichteten oder auf allen Vieren über den Acker krochen, um ja auch die letzten Kartoffeln aus der Erde zu wühlen. Und wehe, einer wurde dabei erwischt, wenn er versuchte, eine dieser Kartoffeln zu essen. Der Alte Wellmann war schnell mit seinem Spazierstock zur Hand und prügelte so manches Mal die Arbeiter kreuzlahm. Auch vor den Frauen machte er in seinem Jähzorn selten halt. Nur bei Roxana hielt er sich aus irgendwelchen Gründen zurück. Franz hatte sich schnell in das schmächtige Mädchen verliebt. Aber es gab kaum eine Gelegenheit, sich mit ihr zu treffen. Nicht nur der alte Bauer hatte seine Augen überall. Auch die Knechte und die Mägde auf dem Hof, alles überzeugte Judenhasser, ließen sich keine Gelegenheit entgehen, die Zwangsarbeiter bei dem kleinsten Vergehen beim Bauern anzuschwärzen. Trotzdem gelang es dem Jungen hin und wieder den Arbeitern etwas zu Essen zu bringen. Meistens, wenn auf einem der Höfe in der Umgebung aus irgendwelchen Gründen gefeiert wurde. Ob das Fell versoffen wurde, wenn jemand gestorben war, ob Geburten, Geburtstagsfeiern, Hochzeiten, überall war Franz mit dabei. Schließlich war er der Sohn des Ortsbauernführers. Und wenn der Alkoholspiegel ein gewisses Niveau erreicht hatte, plünderte er Küchen und Keller und raffte alles zusammen, soviel er tragen konnte, und brachte es in den Melkstall. Die Zwangsarbeiter liebten ihn dafür und taten ihr bestes, damit sich er und Roxana ab und zu heimlich treffen konnten. Meistens auf dem Heuboden des Melkstalles. Dort schliefen die Arbeiter auch in dem muffigen Heu, das durch das undichte Dach unbrauchbar geworden ist. Einmal ist es Franz gelungen, einem betrunkenen Lumpenhändler auf der einsamen Landstraße einen dicken Sack mit alten Kleidungsstücken vom

fahrenden Kutschwagen zu stehlen, als er gerade von der Schule kam. Der alkoholisierte Kutscher war eingenickt und so hatte der Junge leichtes Spiel, den Sack vom Wagen zu zerren und hinter dem Knick zu verstecken. Bei jeder Gelegenheit brachte er den KZ`lern dann heimlich Kleidungsstücke vorbei. Die mussten sie aber verstecken und konnten sie nur nachts tragen, um sich zu wärmen. Sonst hätte der alte Wellmann sie des Diebstahls bezichtigt und zusammengeschlagen.
Irgendwie ist es dann Gustav Wellmann gelungen, wahrscheinlich über den Bürgermeister, dass er, nach Kartoffel- und Rübenernte, die Zwangsarbeiter noch länger behalten durfte, um sie im Winter zum Holzfällen einzusetzen. Franz tat es in der Seele weh, wenn er mit ansehen musste, wie die Arbeiter in ihren dünnen Lagerklamotten froren und vor Kälte zitterten. Irgendwie ist es ihm dann im Januar gelungen, doch noch seinem Vater begreiflich zu machen, dass er keinen Ersatz zu erwarten hätte, aus dem KZ, wenn diese Leute erfrieren sollten. Man munkelte schon von den Todesmärschen und das Bergen- Belsen geräumt werden sollte. Widerwillig ließ der Alte es dann zu, dass sich die Zwangsarbeiter aus alten Pferdedecken, die noch irgendwo auf dem Hof herumlagen, Überwürfe zurecht machen konnten. Wollte er doch so billige Arbeitskräfte nicht unbedingt verlieren.

Der Winter 1944 war lang, kalt und grausam. Aber auch der längste Winter geht einmal vorüber. Der Krieg neigte sich dem Ende zu. Die Lagerleitung aus Bergen- Belsen hatte sich bald aus dem Staub gemacht, ohne sich um die verliehenen Zwangsarbeiter zu kümmern. Es war der 15. April, der Tag, an dem das Lager Bergen- Belsen von den Engländern befreit wurde, als Franz bemerkte, dass die Zwangsarbeiter am Tage noch immer in dem Melkstall eingesperrt waren. Auf die Frage nach dem Warum erhielt er von seinem Vater nur eine kräftige Maulschelle. In der Nacht brannte der Melkstall bis auf die Grundmauern nieder. Noch in der gleichen Nacht wurden die Überreste von sieben Leichen geborgen und an der Friedhofsmauer, außerhalb des Friedhofs natürlich, verscharrt, da, wo schon fast der Wald anfing. Der Pastor hatte sich geweigert, Zitat: „Solches gottloses Pack, schließlich haben diese Juden ja Jesus ermordet", in geweihter Erde zu begraben. Schon am nächsten Tag wurden die noch rauchenden Trümmer beseitigt und die Weide, auf die der Stall gestanden hat, umgepflügt. Warum es nur sieben Leichen waren, hat Franz erst etliche Jahre später, nach dem Tod seines Vaters erfahren. Bei der Durchsicht dessen Nachlasses ist er auf ein Bündel Briefe gestoßen, das ganz hinten in Schreibtisch, in einem kleinen Kästchen, gelegen hatte. Sein Vater hatte anscheinend noch lange mit dem Bürgermeister des Dorfes korrespondiert, der damals vor den Briten geflohen war. Er hatte sich in München den Amerikanern angedient und danach noch lange Zeit in Texas gelebt. Erst in den späten siebziger Jahren ist er in sein Heimatdorf zurückgekehrt, um dort zu sterben. Aus diesen Briefen ging hervor, warum der Melkstall abgebrannt ist. Am Tag, bevor der Stall brannte, hatte sein Vater Roxana mit in den Wald genommen. Der Bürgermeister lauerte dort an einer einsamen Stelle, um das Mädchen zu vergewaltigen. Es war es ja bekannt im Dorf, dass sich dieser Mann zu jüngeren Mädchen hingezogen fühlte. Nur traute sich keiner, das laut zu sagen. Nicht bei einem, der so mächtige Parteifreunde hatte, wie er. Im Gegenzug sollte sein Vater ein begehrtes Stück Land zur Erbpacht bekommen. Dafür, dass er dieses junge Mädchen in die Falle locken würde. Roxana wehrte sich mit Händen und Füßen, als der Bürgermeister sich ihr nähern wollte. Sie schrie aus Leibeskräften, doch die beiden Männer lachten sie nur aus. Hier konnte sie ja doch keiner hören. Plötzlich kam einer der Zwangsarbeiter aus dem Dickicht. Er hatte hier in der Nähe Schlingen aufgestellt, um Kaninchen zu jagen, als er die Schreie vernahm. Mit bloßen Fäusten ging er auf den Bürgermeister los. Der warf Roxana zu Boden und wehrte sich gegen die Attacke. Der alte Wellmann kam seinem Freund zu

Hilfe und schlug den Angreifer von hinten mit seinem knorrigen Spazierstock nieder. Roxana hatte das alles mit angesehen und versuchte, davon zu rennen. Der Bürgermeister holte sie aber schon nach wenigen Sätzen ein und erwürgte voller Zorn das zierliche Mädchen. Aus den Briefen ging nur hervor, dass sein Vater die Leiche des Mädchens hat „verschwinden" lassen. Wo und wie war nicht darin zu lesen. Den schwerverletzten Zwangsarbeiter ließen sie ohne Skrupel im Wald liegen. Aber anscheinend ist es ihm doch gelungen, sich zurück in den Melkstall zurück zu schleppen und hatte die anderen über den Mord informiert. Deshalb hatte der Bürgermeister am nächsten Tag befohlen, die Arbeiter in den Stall zu sperren, bis sie eine Lösung des Problems gefunden haben. Da die Tommies keine zehn Kilometer mehr entfernt waren, blieb in seinen Augen nur ein Weg offen, ihren Kopf aus der Schlinge zu ziehen. Um zu verhindern, dass jemand von den Deportierten den Tommies von dem Mord erzählte, zündeten sie kurzerhand nachts den zugesperrten Stall an, als alle Menschen darin schliefen. Offiziell hieß es dann später in der Gemeindechronik, die KZ`ler hätten heimlich Feuer gemacht, um sich daran zu wärmen und dabei wäre der Stall abgebrannt. Franz Wellmann hatte später an der Stelle der Friedhofsmauer, wo die verkohlten Überreste der jüdischen Zwangsarbeiter verscharrt worden sind, ein Mandelbäumchen gepflanzt. Zur Erinnerung an Maria und Roxana Mandelbaum. Selbst der abgeklärte Kommissar Wiesler musste schlucken, als er der Geschichte des alten Mannes lauschte. Franz Wellmann liefen dicke Tränen die Wangen herunter. „In die Jauchegrube hat er sie geworfen, das Schwein! Das muss man sich einmal vorstellen! In eine Jauchegrube! Hoffentlich schmort er in der Hölle, dieses Monstrum!" Er versuchte die geballte Faust gen Himmel zu recken, ließ sie dann aber wieder kraftlos sinken. Sabine streichelte ihm über die Stirn. „Ist schon gut, Herr Wellmann, ist schon gut. Bald trifft Hilfe ein, dann wird es ihnen gleich besser gehen." Der alte Mann lächelte dankbar. „Wissen sie, da drüben, an der Stelle, stand früher einmal der Melkstall. Da, wo ich mich immer heimlich mit Roxana getroffen habe. Und das da, " er zeigte zu der Grube hinüber, „das war die Güllegrube vom Stall. Und er hat sie da reingeworfen." Er bäumte sich gequält auf. Aber plötzlich, von einer Sekunde zur anderen, bekamen seine Augen einen seltsamen Glanz. Ein feines Lächeln umspielten seine Lippen. „Aber jetzt sind wir ja wieder zusammen! Ja, jetzt sind wir wieder vereint! Für immer und ewig! Das kann uns jetzt keiner mehr nehmen!" Seine Augen strahlten vor Freude, dann tat er einen langen, zufriedenen Seufzer, sackte in sich zusammen und verschied. Doch dann geschah etwas Seltsames. Das faltige

Gesicht des alten Mannes begann sich zu glätten. Nahm immer mehr jugendliche Züge an, bis man den Eindruck hatte, ein fünfzehnjähriger Junge läge jetzt dort. Doch damit war die Verwandlung noch nicht zu Ende. Die linke Gesichtshälfte des Knaben bekam weiblichere Formen. Die Lippen auf dieser Seite wurden voller und sein Haar nahm einen rötlichen Ton an. In diesem Moment brach der verhangene Himmel auf und ein Sonnenstrahl, ein Gottesfinger, schien auf die sterbliche Hülle des alten Bauern herab. Plötzlich schrie einer der Bestatter auf. Die mumifizierte Leiche Roxanas war urplötzlich zu Staub zerfallen. Kommissar Wiesler lächelte entrückt, bückte sich zu dem toten Franz Wellmann hinab und drückte ihm sanft die Augen zu. „Ja, jetzt sind sie wieder vereint. Nach all den Jahren. Mögen sie in Frieden ruhen." Und im Hintergrund hörte man leise das Flap, Flap, Flap eines näher kommenden Helikopters.
Sabine und ich beschlossen, auf Grund der Ereignisse, hier im Ort zu übernachten. Zu aufgekratzt waren wir, zu konfus unsere Gedanken, um uns noch eine sichere Heimfahrt garantieren zu können. Aber am nächsten Tag, nach einer unruhigen Nacht und einem wortkargen Frühstück, machten wir uns auf den Heimweg. Aber als wir an der Kirche vorbei fuhren, liefen von überall her Menschen zu dem kleinen Friedhof hinüber. Der Pastor versuchte vergeblich, die Menschen vom

Gottesacker fern zu halten. Sabine hielt an und stieg aus. „Ich seh mal nach, was da los ist." Nach wenigen Minuten war sie wieder zurück. „Das wird wohl durch die Weltpresse gehen! Über Nacht ist hier auf dem Friedhof die Bepflanzung von drei Gräbern verdorrt und ihre Grabsteine sind halb im Erdboden versunken. Und jetzt rate mal, von wem?" „Ich habe nun wirklich keine Ahnung, wer hier alles begraben liegt. Nun sag schon!" Sabine grinste breit. „Das Grab eines ehemaligen Bürgermeisters, der mal in Amerika gelebt hat, das, eines Pfarrers, der keine Juden begraben wollte in geweihter Erde, und das, eines ehemaligen Ortsbauernführers. Host mi?" Ich lehnte mich zurück und ließ die vergangenen drei Tage vor mir Revue passieren. Es war schon seltsam, dass der Kürbis ausgerechnet dann zu uns gekommen ist, bevor große Planierraupen das Geheimnis des Melkstalles für immer unter gepflügt hätten. Sollte der Schrei des Kürbisses ein letzter Hilfeschrei Roxanas gewesen sein? Mir lief ein Schauer über den Rücken. So hatte letztendlich die unendliche Kraft der Liebe zwei Menschen doch noch für immer vereint. Auf ihre Weise. Ich schaute aus dem Fenster. So ein kleines Dorf mit so einer düsteren Vergangenheit. Und im Vorbeifahren sah ich, wie am hintersten Ende der Friedhofsmauer, mitten im trüben Herbst, ein Mandelbäumchen in vollster Blüte stand.

Dance the devildance
Spittet out in this world,
like an old chewinggum.
Wet and sticky.
Never asked, to come.

The devildance, called live, begun!

Your first cry was a cry
of rage and hate!
Noisy and shrill.
Enter the devilgate.

Dance the devildance,
dance the devildance,
dance the devildance with me.

First step, first word,
first kiss, first fuck.
Sticky and short.
Face the bad luck.

Than juggernaut money
appoints your day.
haze and fog,
tin god anyway

Dance the devildance,
dance the devildance,

dance the devildance with me.

The force success hurts
and costs your love.
She escaped,
quiet, like a dove

Your success is gone,
no love, no friends.
For a no-one
are no helping hands.

Now the grim reaper calls.
You hear the sound.
Earth and tomb
and under the ground
will the grim reaper
dance the devildance,
dance the devildance,
dance the devildance with you.

Centurylove
The mist of yesterday lies in your hair.
like a grey shadow of life.
The wrinkles in your eyes, a lovely flair.
I love them all, my beloved wife.

We walked the roaring years together,
We shared the easeful times.
And faced much nice and stormy weather,
left many a tear behind.

So many years behind us,
Eternity comes true.
Nothing can harm me,
`cause I´m fond of you.

When I was blue, you`re closed to me.
You reset me with a smile.
Our lovey dovey time will never flee.
Loving you can`t be a trial.

When the eternity will overhaul us,
we expect them with no fear.
Take bright the nervercomebackbus
essentially, you are near.

So many years behind us.
The eternity is big.
Let`s go, my sweet fuzz.
Netherworld comes quick.

Wildes Leben

Ich spielte in der Billardstube,
Nacht für Nacht, Spiel um Spiel.
Führte ein wildes Leben.
Hatte nichts und wollte viel.

Ich spielte das Spiel mit sehr viel Gefühl.
Mit meinen Mädchen war ich weniger zart.
Bei ihnen und meinen Kneipenfreunden
hieß ich „der wilde Eberhard".

So hart ist das Leben, war mein Spruch,
wenn ich schlug. Und ich schlug gern.
Mein Vater hatte es mir beigebracht,
ihn mir einbläut, den harten Kern.

Ich zahlte auch nie Sozialabgaben.
Wozu auch, ich war nicht sozial.
Ich war der Größte, der er sie alle beschiss
und dachte von mir, das wäre genial.

Ich erzähle gerne von diesen alten Zeiten,
wenn der Pfleger mir die Schuhe schnürt.
Doch der hört schon lange nicht mehr zu.
Fühlt nicht die Sehnsucht, die er in mir schürt.

Nicht die Sehnsucht nach früher, nein.
Vorbei! Mein Leben war zu daneben.
Nur die Sehnsucht nach einer sanften Berührung,
damit ich spür, ich bin noch am Leben.

Offener Brief eines Rollstuhlfahrers
Für euch bin ich einfach nur ein Rollstuhlfahrer, für die Kopfgeldjäger auf Neu Guinea wäre ich jetzt Essen auf Rädern. Alles nur eine Sache der Perspektive. Denn ich musste umdenken. Seit dem ich im Rollstuhl sitze, sind die Leute nämlich wesentlich freundlicher zu mir geworden. Immer nett, immer hilfsbereit. Ständig halten sie mir Türen auf. Auch, wenn ich noch zwanzig Meter weg bin, fangen ihre Kinder ein, damit die mir nicht vor den Chopper laufen, oder zerren mich rückwärts über Hindernisse, über die ich gar nicht wollte. Zehn-fünfzehn Mal am Tag werd ich gefragt: „Kann ich ihnen helfen?" „Nein, danke. Geht schon." Das kann man den Leuten aber auch nicht übel nehmen. Beim Anblick eines Rollstuhlfahrers kommt eben bei vielen das Helfersyndrom durch. Aber auch wenn die Fragerei noch so nervt. Immer höflich bleiben, immer nett sein und keine dummen Sprüche. Wenn`s auch noch so schwer fällt. Wie würdet ihr denn reagieren, wenn euer Blick über die Regale schweift bei Penny und sich dann eine knackige Zwanzigjährige so charmant zu euch runter beugt, dass ihr durch das Dekolleté sehen könnt welchen Slip trägt und sie euch dann noch lasziv anhaucht: „Soll ich Ihnen was runterholen?" Da muss man umdenken. Den wenigsten ist Frauen es anscheinend wirklich bewusst, dass es sich bei ihrem Gegenüber im Rollstuhl um einen Mann

handelt. Auch wenn es keiner glauben will, Rollstuhlfahrer sind keine asexuellen Wesen. Im Gegenteil. Rollstuhlfahrer sind in dieser Beziehung leidgeprüfte, schwer an ihrem Schicksal tragende Männer. Kein Normali, das ist das Gegenteil von Rolli, also kein Normali wird je nachvollziehen können, was es für so einen Zwangsasketen heißt, an einem heißen Sommertag durch Hamburgs Innenstadt zu rollern. situationsbedingt ständig den Blick wechselweise in Brust- oder in Beckenhöhe, je nach Größe der Passanten. Man bedenke die heutige Damenmode! Ein Wechselbad der Gefühle! Also doch notgeile Krüppel, mag jetzt jeder denken. Ja und nein. Kommt immer auf den Typ an, wie derjenige den sexuellen Notstand kompensiert. Eine ganz einfache Rechnung. Schon seit Martin Luthers Zeiten wissen wir: „In der Woche zwier schadet weder ihm noch ihr. Macht im Jahr einhundertvier". Das gilt für den Ottonormalverkehrer. Und der Rollstuhlfahrer? Nichts! Null! Nada! Einmal in der Woche die Liebe an und für sich. Wenn überhaupt. Und das nur als Ventil. Das, was eigentlich das Schöne am Sex ist, Zärtlichkeit, Vertrautheit, Sinnlichkeit, bleibt auf der Strecke. Und das kann auch einem auch der teuerste Puff nicht vorgaukeln. Auch wenn es keiner wahr haben will! Rollstuhlfahrer sind Männer! Ich rede jetzt nicht von diesen muskelbepackten, braungebrannten Basketballern, die auf ihren Sportrollstühlen in den

Dreißigerzonen regelmäßig die Blitzer auslösen. Natürlich sind das Männer. Grade die werden auch voll von der Damenwelt akzeptiert. Im Gegensatz zu dem Ottonormalrolli. Der ist ein sexuelles Neutrum! Frauen sind nun mal genetisch dazu bestimmt, sich den Mann ihrer Wahl nach evolutionär bedingten Kriterien auszusuchen. Als das vor vielen Hunderttausend Jahren, irgendwann zwischen Australopithecus und Pan Paniscus, im Stammhirn der Primaten verankert wurde, waren Rollstühle eben noch nicht en Vogue. Deshalb wird der Rollstuhl von den Frauen in Angesicht des restlichen, knackigen, drahtigen Körperbaus dieser sportlich durchtrainierten Behinderten einfach ausgeblendet. Da handeln sie wie Männer. Zieht sich das Blut im Unterleib zusammen, fehlt es im Kopf! Aber der Ottonormalrolli ist nicht sportlich, eher rundlich. Folglich wird er aus den Köpfen der Damenwelt evolutionär verbannt. Und auch so behandelt. Beispiel! Eine hübsche junge Frau, ca. 22 Jahre alt, tief, aber dezent dekolletiert, bückt sich im Supermarkt nach einer Ware. Ein sportlicher junger Mann geniest den freien Blick auf Spitzbergen. Die Frau bemerkt es, errötet gekonnt und verharrt in dieser gebückten Pose länger, als nötig. Dann versenkt sich ihr vielsagender Blick tief in die stahlblauen Augen dieses Adonis. Gleiches Szenario, anderer Hauptdarsteller. Ein Rollstuhlfahrer sieht nur annähernd in die Richtung der gebückten Dame, beachtet ihre Auslage gar nicht, sondern sucht mit seinem Blick das Regal nach seinem Lieblingskäse ab. Die Frau sieht nur, er schaut in meine Richtung. Das reicht ihr schon! Sie grölt ihn an: „Was glotzt du so, geiler Bock? Noch nie Titten gesehen?" Der so unschuldig beschimpfte Rolli sollte sich jetzt nicht irritiert abwenden, sondern ganz geschickt seinen Krüppelbonus ausspielen. Ein knappes „Doch, schon, aber noch nie so faltige!" wird die Dame dann dazu veranlassen, ihn durch seinen Bonus zwar nicht körperlich zu misshandeln, aber verbal die nächstbeste, vielbesungene Palme zu erklimmen. Ihre Verbalinjurien werden dann die Reaktion des anwesenden Publikums dahingehend beeinflussen, dass sie sich später doch zwangsläufig Gedanken über ihr öffentliches Sozialverhalten machen sollte. Wenn sie ihre Lektion dann gelernt hat, wird sie sich beim nächsten Vorfall dieser Art hoffentlich dezent schweigend zurückziehen. Ansonsten kann man auch, wenn man grade einen Freund oder eine Freundin zur Seite hat, gemeinsam dieser Dame den finalen Fangschuss verpassen. Dazu muss man sich lediglich in der Schlange vor der Kasse direkt hinter der besagten Zweiundzwanzigjährigen einzureihen, um dann leise, aber doch deutlich hörbar für alle, seiner Begleitperson zuzuraunen: „Die muss mal verdammt hübsch gewesen sein, als sie noch jung war!" Ich garantiere euch, da wird das shoppen zum Erlebnis.

Also, wenn ihr nächstes Mal auf einen Rollstuhlfahrer trefft, denkt dran: Es ist ein Mann! Nicht zwangsweise ein sabbernder Lustgreis, notgeiler Opa, perverser Lüstling oder gar Kinderschänder, sondern nur ein Mensch mit den gleichen sensitiven Bedürfnissen eines normalen Mannes, in dem das gleiche Testosteron zirkuliert, wie in David Beckhams, Brad Pitts oder Jonny Depps Blutkreislauf. Nur eben nicht ganz so attraktiv verpackt.

Der ganz normale Einkaufswahnsinn
Wenn man Zeit und Muße hat, die Leute in aller Ruhe zu betrachten, während sie ihre Einkäufe tätigen, möchte man doch ganz gerne mal wissen, was treibt die Leute zu diesem oder jenem Handeln. Was veranlasst sie, so, und nicht anders zu agieren und reagieren. Was ist die Triebfeder ihres Tuns? Ich verbringe viel Zeit in Supermärkten und Discountern. Nicht nur, um einzukaufen. Ich finde es auch faszinierend, wie die Menschen reagieren, wenn sie sich vollkommen auf die Ware ihres Herzens konzentrieren und um sich herum die Welt vergessen. Da wird, zum Beispiel, intensiv gedankenversunken der Text auf den Verpackungen studiert, ungeachtet darauf, ob der volle Einkaufswagen quer zum Gang steht oder man auf irgendeine andere Art und Weise ein Hindernis darstellt. Auf ein lautes Räuspern wird meist gar nicht reagiert. Wenn man den Kunden dann durch ein „Entschuldigung, darf ich mal durch" aus seiner spannenden Lektüre reißt, erntet man bestenfalls einen vorwurfsvollen Blick. Im schlimmsten Falle bekommt ein: „Ist doch genügend Platz, du Arschloch!" zu hören. So geschehen 2009 im Fördepark Flensburg. Ein kräftig gebauter Rentner reagierte auf diese ungehobelte Weise, als er von einem jungen Mann höflich um Durchlass gebeten wurde. Der junge Mann blieb gelassen. Er fragte höflich: „Haben sie mich eben mit „

Arschloch" gemeint?" Der Rentner, anscheinend auf Krawall gebürstet: „Na, wen denn sonst, du Trottel?" Der so angeblaffte setzte sein breitestes Grinsen auf, klopfte dem Rentner jovial auf die Schulter, strahlte ihn entwaffnend an, und meinte: „Toll, Mann! Dann sind wir ja schon zu zweit!" Fröhlich pfeifend ließ er den verdutzten Griesgram stehen.

Ich pflege mich bei Blockaden dieser Art einfach nur hinzustellen und abzuwarten, bis der Kunde in die Realität zurückgefunden hat. Ist es doch einfach beeindruckend mit anzusehen, wie ein ganz normaler, mündiger Bürger das Raum- Zeit- Kontinuum verlässt, im bloßen Bemühen, für sich die optimalste Ware zu auszuwählen. Kehrt er dann irgendwann auf den Boden der Tatsachen zurück, muss er erstaunt feststellen, dass er nicht allein auf dem Aldi- Planeten ist. Dann kommt unweigerlich ein „Oh, wollten sie durch?". Was mir dann, je, nachdem, wie lange mein Gegenüber in anderen Sphären wandelte, auch mal ein zynisches: „Nein, ich warte hier auf die nächste U- Bahn!" entlocken könnte.

Ein physikalisches Phänomen sind Ehepaare, die im Supermarkt auf andere, befreundete, Ehepaare treffen. In diesem Moment scheint sich die Gravitation in dem Gebiet um sie herum plötzlich um den Faktor X zu erhöhen, was die beiden Paare dazu veranlasst, sofort und unverrückbar an dieser

Stelle stehen zu bleiben. Egal, ob unmittelbar vor einer Rolltreppe, Drehtür, dem Aufzug oder anderen möglichen und unmöglichen Örtlichkeiten. Es ist ihnen auch nicht bewusst, dass sie andere Kunden dazu zwingen, sich mit ihren vollen Einkaufswagen an ihnen vorbei zu quetschen oder Müttern mit Kinderwagen abteilungsübergreifende Umwege zu fahren. Seltsamerweise nehmen meistens die anderen Kunden Rücksicht auf so ein Bollwerk der Gleichgültigkeit. Vielleicht, weil sie auch schon so, oder so ähnlich, den Verkehrsfluss in anderen Supermärkten zum Erliegen gebracht hatten. Oder aber, was ich eher vermute, sie haben Angst, den heiligen Zorn zweier Ehepaare auf sich zu ziehen. Wie kann man es auch wagen, jemand bei hochgeistigem Tratsch zu stören, nur weil mittlerweile fünfzig Leute auf der so blockierten Rolltreppe ums Überleben kämpfen. Es gibt natürlich auch den ganz „normalen" Kunden. Da war zum Beispiel neulich die Dame, die man vor wenigen Jahren noch als „spätes Mädchen" beschrieben hätte. Sie hockte vor dem Regal mit der Lakritzauswahl. In ihrer linken Hand fünf Packungen Katzenpfötchen. Mit der Rechten befühlte sie einen Beutel, wog ihn bedächtig in der Hand, drehte ihn hin und her und legte ihn schließlich zur Seite, um den nächsten auf diese Art sorgfältigst zu untersuchen. Danach las sie die Aufdrucke auf jedem dieser Beutel sorgfältig durch.

Wohlgemerkt, auf jedem identischen Beutel. Nachdem sie die Beutel eingehend untersucht hatte, entnahm sie dem Karton die nächste Charge Katzenpfötchen, um sie auf die gleiche Art und Weise zu prüfen. Nach geschlagenen sechs, gefühlten zwanzig, Minuten entschied sie sich dann endlich für zwei Beutel dieser Süßigkeit. Mit zufriedener Miene und in der vollsten Überzeugung, die richtige Wahl für sich getroffen zu haben, begab sich die Dame dann letztendlich zur Kasse.
Und das ist kein Einzelfall. Wenn ich an den sorgfältig gekleideten Pensionär denke, der beim Discounter erhebliche Zeit damit verbrachte, fünfzehn, in Worten, fünfzehn, in Plastikfolie verpackte EU-genormte Salatgurken aufs penibelste zu sortieren, auf Druckstellen zu überprüfen und abzuwiegen, um sich zu guter Letzt für die schwerste zu entscheiden, die immerhin stolze vierzehn Gramm mehr wog, als die kleinste im Sortiment. Wenn man als Außenstehender die Szene betrachtet, fragt man sich unwillkürlich, was veranlasst die Leute zu solchem Handeln? Was erwarten sie? Ich habe lange überlegt, welche Gedankengänge sich durch ihre Synapsen gequält haben. Aber es ist mir nicht gelungen, ihr tun wirklich nachvollziehen zu können. Warum tut ein Mensch so etwas. Und vor allen Dingen, ist er sich dieses Handelns bewusst? Vermutlich eher nicht.

Die Katakomben des Grauens
Da saßen wir nun. Ein Haufen elender Kreaturen, den das Schicksal wahllos zusammengewürfelt hat. Eingepfercht in diesem engen Raum, aus dem es kein Entrinnen zu geben schien. Es gab nur einen Ausgang. Und der war bewacht von ihr. Der Walküre! Dem dreiköpfigen Cerberus, der rechten Hand des Bösen. An ihr kam keiner vorbei. Sie hatte jeden in der Hand. Sie hatte die Papiere. Die Papiere, ohne die du ein nichts bist in dieser Welt. Und die gab sie nicht her. Nicht, als bis du die Kammer des Schreckens hinter dich gebracht hast. Ich sah mich vorsichtig um. Las in den leidgeplagten Gesichtern meiner Schicksalskameraden. Ob alt, ob jung, Mann oder Frau, allen stand das Grauen ins Gesicht geschrieben. Manche wimmerten vor Angst leise vor sich hin. Einige wiegten sich hospitalistisch hin und her, andere stierten mit leerem, vor Selbstaufgabe getränktem Blick, schon in die Ewigkeit. Mein Gott! Selbst ein Kind haben sie in ihre Gewalt gebracht, diese Teufel in Menschengestalt. Eiskalte Schauer jagten mir über den Rücken, als die Schreie der Verzweifelten, trotz wohlgepolsterten Türen, zu uns durch drangen, hinter denen die Schergen der Finsternis ihr blutiges Werk vollbrachten. Wenn die Schreie verhallten, in ein, immer leiser werdendes, Gewimmer übergingen, stand die bange Frage im

Raum, wer wird der Nächste sein? Und schon öffnete sich die Tür zum Styx. Ein kalter Luftzug strich über unsere Köpfe. Wird Charon sich jetzt das nächste Opfer holen? Eine herrische Geste reichte, um dem Schicksal seinen Lauf zu geben. Das Kind! Nein! Nicht das Kind! Um Himmels Willen nicht das Kind! Das kleine, blonde Mädchen mit den abstehenden Zöpfen, erhob sich zögernd. Erhaschte noch einen letzten, scheuen Blick der liebenden Mutter, entwand sich ihrem zarten Griff und entschwand. Werden wir sie je wiedersehen? Und schon ward der nächste Delinquent geordert. Ein zittriger Greis, der wässrigen Blick seiner müden Augen schon ohne Hoffnung auf Wiederkehr, folgte dem gebieterischen Ruf der Schimäre in die Katakomben der Qual. Jetzt ging es Schlag auf Schlag. Und da, schon hallte mein Name durch den, nach Blut riechenden, Äther. Mein Herz krampfte sich zusammen! Mein schwerster Gang! Mit weichen Knien folgte ich der Magd Satans. Bereit für ein letztes Gebet. Da flog mit einem Male die Tür einer der Schreckenskammern auf! Das blonde Mädchen stürmte an mir vorbei, anscheinend den Schergen entronnen, in die Arme ihrer leidgeprüften Mutter. Küsste und herzte das Antlitz der vergrämten Frau. Und rief dann mit glockenheller Stimme die erlösende Botschaft in die Welt: „Mami, Mami! Er hat überhaupt nicht gebohrt!"

Dadaismus
Du rollst, weil du das Rollen wollen wirst
und unter allen Knollen birst.
Das Schräge macht dich gerade sehend
und hinter allen Ecken blähend.
Verwirrt beknirscht beim Rudelhubbeln
verzweifelt nach den Ängsten buddelnd
der Muse schlicht am Hals gewürgt
weil Hugo Ball ja für dich bürgt.
Wenn Euterpe dir dann eine klebt,
merkst du entsetzt, das Dada lebt.

Der Tannenbaum
Allmählich weihnachtete es und ich wollte, dass wir dieses Jahr wieder einen Tannenbaum haben. Im Jahr zuvor hatten wir keinen. Meine Mutter war im November 1966 plötzlich verstorben und wir hatten in dem Jahr kein großes Bedürfnis, unter diesen Umständen eine Familienfeier zu zelebrieren. Meinem Vater war sowieso seit jeher Weihnachten eher lästig. Wer meinen Großvater kannte, wird ohne weiteres nachvollziehen können, warum. Auch er war Opfer der wilhelminischen schwarzen Pädagogik, wie sein Vater und dessen Vater zuvor. Gefühle, oder das, was man dafür hielt, wurden generationsübergreifend erfolgreich aus diesem Zweig meiner Familie verbannt. Deshalb wurden gefühlsduseligen Feiertagen, wie eben Weihnachten, von unserem Erzeuger immer mit Ablehnung begegnet. Meine Schwester und ich haben uns diese Gabe, Gefühle auszuleben, wenigstens noch halbwegs erhalten. Stundenlang saßen wir bei Kerzenschein in der Fensterbank, sahen dem fallenden Schnee zu, und sangen Weihnachtslieder. Mit der einen oder anderen Träne im Augenwinkel, an vergangene Zeiten zurückdenkend.
Unser Vater machte dieses Jahr gar keine Anstalten, so eine „Hallelujastaude" zu besorgen. „Ach was! Was wollt ihr damit? Ihr seid keine Kinder mehr!" Ich war gerade mal vierzehn Jahre alt.

Heilig Abend kam. Er fiel neunzehnhundertsiebenundsechzig auf einen Sonntag und wir hatten keinen Tannenbaum. Stocksauer nahm ich das Damenrad meines „Daddies", seit dem Tod unserer Mutter brachten weder ich, noch meine Schwester es fertig, Vater, oder ähnliches zu unserem Erzeuger zu sagen, jedenfalls nahm ich sein Rad und einen Strick, damit ich den Baum zusammenbinden konnte, den ich kaufen wollte. Ich hatte nur einen dünnen Anorak an, den ich von einer mitleidigen Nachbarin geschenkt bekommen hatte, und keine Handschuhe. Mein Vater trug sein Geld lieber auf die Sparkasse, als uns zu Klamotten zu kaufen, aus denen man im Endeffekt ja doch wieder herauswuchs.
Trotz Nieselregens radelte ich los, hoffte ich doch, in der Veringstraße oder am Stübenplatz noch einen Tannenbaumverkäufer zu finden. Aber, Nase! Es herrschte so ein ungemütliches Hamburger Schmuddelwetter, so, um die zwei Grad „warm", dass keine Menschenseele auf die Straße wollte. Trotzig entschloss mich, trotz durchnässtem Anoraks und klammen Fingern, noch zum Fischmarkt zu fahren. Da würde ich garantiert einen Baum bekommen. Meinem Vater wollte ich es schon zeigen! Frierend und zitternd erstand ich dort einen drei Meter hohen Tannenbaum. Die Verkäufer halfen mir noch, das Teil fachgerecht einzuwickeln, und klemmten mir den Baum in Längsrichtung auf

den Gepäckträger, den Stamm unter dem Sattel verkeilt. Durch den alten Elbtunnel, den Freihafen, am Wilhelmsburger Bunker vorbei, den Bahnhofsberg hoch, es waren die längsten neun Kilometer meines Lebens. Heulend, bis auf die Knochen durchgefroren und nass bis auf die Haut, ließ ich das Fahrrad vor der Haustür nur noch fallen. Mit einem „Dein Scheiß Fahrrad kannst du selber in den Keller bringen!" stürmte ich an meinem Vater vorbei ins Badezimmer, um mir sofort Wasser in die Wanne einzulassen. Nach einem ausgiebigen, extrem heißen Bad, stellte ich befriedigt fest, dass mein Vater sich schon daran gemacht hatte, den Baum zu kürzen und den Ständer anzubringen. Seit diesem Abenteuer habe ich immer rechtzeitig in den nächsten Jahren dafür gesorgt, dass wir zu Weihnachten einen Tannenbaum hatten.

Der Beweis
Ich stapfte durch den Winterwald,
die Füße warm, die Nase kalt,
die Ohren blau gefroren.

Die schönste Tanne sucht ich aus
als Zierde für mein Festagshaus,
denn Jesus ward geboren.

Im frischen Schnee, man sah es kaum,
vor diesem edlen Tannenbaum
Zwei Stapfen und ein gelber Fleck.

Die Fußstapfen am Tannenbaum,
so ganz allein im weißen Flaum,
dienten nur einem Zweck!

Für mich ganz klar und der Beweis
im winterlichen Schnee und Eis,
die Spur von winzig kleinen Füßen,
dass auch Englein einmal Müssen müssen.

Weswegen ich beinahe noch einmal an den Weihnachtsmann geglaubt hätte

Ich bin müde. Fernseher aus, noch mal kräftig recken und dann ins Bett. Ich schaue aus dem Fenster. Es stürmt und Schneeflocken wirbeln hektisch im Licht der Straßenlaterne. Und die wirbelnden Flocken rufen Erinnerungen in mir wach. Längst verloren geglaubte Bilder verselbständigen sich und rufen mich in meine Vergangenheit zurück. Wann war das denn noch? Dezember 77 oder 78? Nee, 78 war die Schneekatastrophe. Muss wohl doch 77 gewesen sein. Genau so ein Abend, wie heute. Fernseher ausgemacht und aus dem Fenster gesehen. Schneesturm. Ich überlegte damals nur kurz. Dann stand mein Entschluss fest. Ich gehe nach Sibirien. So wird ein kleines Waldstück bei mir in der Nähe genannt. Sibirien im Schneesturm. Herrlich! Schnell die Trainingshose übergezogen, als Ersatz für eine lange Unterhose, Jeans an, einen dicken Pullover, Parka drüber, Stiefel an. Ich machte die Tür zur Küche auf und rief den Hund. Bienie sah mich an, als wenn sie sagen wollte: „Bist du nicht ganz dicht? Es ist halb zwölf, arschkalt draußen und ich will pennen!" Doch dann gähnte sie herzhaft, schüttelte sich ausgiebig und ging erwartungsvoll zur Tür. Draußen zog ich schnell die Kapuze über und knüpfte die Parka bis oben hin zu, so dass nur noch die Nasenspitze hervor lugte. Dann stapfte ich los.

Bienie fand das alles herrlich. Sie tollte herum, rannte meinen Schneebällen hinterher. Ihr schien das Wetter nichts auszumachen. Ich aber war ganz froh, dass ich mich so dick eingepackt hatte. Der Wind pfiff ziemlich heftig um die Häuser. Besonders durch die stockdunkle Unterführung der B5 am Philosophenweg. Hinter ihr fing Sibirien an. Hier gab es keine Straßenbeleuchtung mehr. Aber der Schnee machte die Welt so weiß, dass man sich gut orientieren konnte. Das Helle ist der Weg. Der Hund schnüffelte irgendwo herum und fand alles ganz toll und aufregend. Die Bäume knarrten und ächzten im Sturm und der Schneefall wurde noch dichter. Der Pelzbesatz an meiner Kapuze wies schon einige Eisklümpchen auf von meiner Atemfahne. Aber ich fühlte mich wohl. Mir war warm und kuschelig. Die alte Weisheit, dass es kein schlechtes Wetter gibt, nur unpassende Kleidung, scheint wohl doch zu stimmen. Am Bahnübergang des Barmstedters, einer eingleisigen Schienenbusstrecke durch Sibirien, hörte ich es das erste Mal. Es klang für einen Moment wie ein weit entferntes Schlittengeläut. Aber das muss wohl ein Irrtum gewesen sein. Wer wird um diese nachtschlafende Zeit mit einem Schlitten durch den Wald fahren? Kaum einer. Doch dann war es wieder da. Je weiter ich ging, umso deutlicher wurde es. Schlittengeläut! Ich sah unwillkürlich nach oben. War Santa Klaas im Anflug? Es hätte mich jetzt nicht gewundert, wenn er jetzt, mit Rudolf als Leithirsch, über den Wald geflogen käme. „Schneewind pfeift und ich höre Schlittengeläut!" Innerlich tippte ich mir gegen die Schläfe. „Hör auf zu spinnen. Es gibt keinen Weihnachtsmann!" Aber dann war ich mir dessen, hier, mitten im verschneiten Wald, doch nicht mehr so sicher. Der Schnee dämpfte die Geräusche und machte alles diffus und unwirklich. Man kann nichts genau orten und fängt an, seinen Sinnen zu misstrauen. Stimmt das, was man zu hören glaubt oder ist es eine Sinnestäuschung? Mir gruselte leicht. Wo ist der Hund? Bienie strolchte ganz in der Nähe herum. Schwarzer Hund auf weißem Grund ist praktisch und beruhigend. Ich ging weiter. Und es wurde immer deutlicher! Doch Schlittengeläut. Aber es kam weder näher, noch entfernte es sich. Also musste der doch Schlitten stehen. Aber wie sollten dann die Glöckchen läuten? Fragen über Fragen. Die Antwort kam prompt und ernüchternd, als ich an dem kleinen See aus dem Wald trat. Auf der anderen Straßenseite war ein großer Möbelmarkt. Und davor standen in einer langen Reihe Fahnenmasten. Die Stahlseile, mit denen man die Fahnen hisste, schlugen im böigen Wind einem unregelmäßigen Rhythmus gegen die stählernen Masten. Das war also mein vermeintlicher Weihnachtsschlitten. Irgendwie musste ich über mich selbst lachen, als ich mich auf den Heimweg machte. „Kerl! Glaubst in deinem Alter noch an den Weihnachtsmann!" Aber schön war es doch!

Heilig Abend bei Hagenbeck
Der kalte Wind biss mir empfindlich in die Nase, als ich die Futterkarre auf den Weg schob. Bald kommt der Futterwagen. Noch war es stockdunkel und nur die Straßenlaternen vom Gazellenkamp beleuchteten die Szenerie des Bisonhofes. Die massigen Tiere scharrten ungeduldig im Stroh und wollten hinaus. Ich packte einen Ballen Heu in die Schubkarre und fuhr ihn ins Gehege. Nur nicht zu viel füttern. Sonst kommen sie heute Mittag nicht in den Stall. Heute schließt der Tierpark um 13^{00} Uhr, denn heute ist Heilig Abend. Für uns Tierpfleger bedeutete das, die Arbeit eines ganzen Tages bis zum Mittag zu erledigen. Da ist Laufen die langsamste Gangart. Denn gepfuscht wird nicht. Das ist gegen unsere Ehre. Wer es nicht schafft, muss eben länger bleiben. Außerdem habe ich morgen frei. Wer pfuscht, kriegt Ärger mit dem Ablöser. Auch an Weihnachten.
Ich hatte die Bison gestern etwas früher reingeholt und das Gehege schon sauber gemacht. Musste ich das heute Morgen nicht mehr. Gleich rein zu den Wapitis. Die Platten und den Unterstand kann man auch im Dunkeln fegen. Als der Futterwagen durch war begann es auch schon zu dämmern. Gut für mich und das Wapitigehege. Kann ich mich warm arbeiten. Wer lange rumsteht fängt nur an zu frieren. Das Bisonrevier ist das einzige Revier im Park ohne Ofen. Alles winterfeste Tiere. Wie ich die

Chefs kenne, darf ich dafür zum Ausgleich im Sommer im Tropenhaus arbeiten.
Auf dem Weg zum Frühstück hatte ich schon die Kiste mit dem gehackten Weißkohl für die Nandus und einen Ballen Heu für die Guanakos mitgenommen. Spar ich mir nachher einen Weg.
Alle Neuweltkamele haben eine gute Eigenschaft. Sie misten immer auf einen Haufen. Das erspart einem ziemlich viel Arbeit, wird aber wieder ausgeglichen von den Blättern, die der Wind den ganzen Winter durch über die große Wiese immer wieder ins Gehege wirbelt. Aber die ignorier ich heute. Ich habe genug mit den angefrorenen Guanakoköttein zu tun, die unter meiner Fingerharke wegspringen, wie kleine Gummibälle. Aber immer noch besser, als festgefrorene Bisonfladen. Die machen nämlich richtig Arbeit.
So, Guanakos erledigt, jetzt sind die großen Kamele dran. Als ich die Kiste mit den gehackten Rüben auflud, fing es an zu schneien. Passgenau zu Weihnachten. Meine Kamele freuten sich, als ich um die Ecke kam. Ich wartete, bis sie sich beruhigt hatten. Wenn Kamele rumtollen möchte man nicht unbedingt dazwischen stehen. Futter verteilen und Abdul einsperren. Der Hengst steht in einem Extragehege, weil er in der Brunft ist. Das kann sehr unangenehm für einen werden, wenn man da nicht höllisch aufpasst. Jetzt kommt der unangenehme Teil. Abdul in den Stall hüten. Nicht, dass er

angreifen würde. Das macht er lieber, wenn man es nicht erwartet. Aber Kamelhengste haben in der Brunft eine lästige Eigenschaft. Sie pinkeln nach hinten hinaus auf ihren Schwanz und klatschen den dann gegen ihren Höcker. Zur Gebietesmarkierung. Damit jeder Konkurrent riechen kann, hier bin ich der Boss! Ich, Abdul! Und so ein armer Tierpfleger steht also stets im Nieselregen, wenn man hinter einem Kamelhengst her geht.

Der Schneefall wurde immer dichter. Ein Blick auf die Uhr. Ich bin gut in der Zeit. Kann es etwas langsamer angehen lassen. Meine Kameldamen Tamara und Suleika standen an ihren Futterraufen und ließen es sich schmecken. Einige Besucher kamen vorbei. Heilig Abend sind sehr viele Väter mit ihren Kindern unterwegs. Mutters schmeißt sie zu Hause raus, um in Ruhe die Weihnachtsvorbereitungen treffen zu können. Tamara hatte sich hingelegt. Ich lehnte mich gegen ihre Höcker und zündete mir eine Zigarette an. Die erste, nach dem Frühstück. Viel anrichten konnte ich hier nicht mehr. Der Schnee bedeckte allmählich das, was ich eigentlich beseitigen sollte. Bleibt nur zu hoffen, dass er schmilzt, wenn ich gerade frei habe.

Der Schnee dämmte alle Geräusche und es wurde ruhig im Park. Der starke Schneefall trieb die Besucher in die beheizten Ställe oder nach Hause. Der Schnee puderte den Mähnenschaffelsen zu einer richtigen Hochgebirgslandschaft und auch die

japanische Brücke bekam ihr weißes Häubchen ab.
Hagenbeck ist wirklich zu jeder Jahreszeit schön.
Jetzt nur noch den Bisonstall ausmisten.
Futterkisten auswaschen, Wassertröge auffüllen,
Tiere einsperren. Dann bin ich fertig. Der
Zwischenwächter läuft schon mit der Glocke durch
den Park und meldet den Feierabend an. Ich hole
den Wapitihirsch rein. Der forkelt sein mächtiges
Geweih durch den Schieber und macht sich über
die Rüben her. Jetzt nur noch die Bisons
einsperren. Fertig. Ich greife mir eine Handvoll
Wurzeln und besuche noch einmal die Kamele.
Meine Damen haben es sich bequem gemacht und
käuen gemütlich wieder. Nur Abdul blubberte vor
sich hin und möchte mir gerne zeigen, wer hier das
Sagen hat. Ich werfe ihm ein paar Möhren hin.
Suleika und Tamara bekommen auch ihre
Weihnachtsguties. Sie strahlen eine gelassene
Ruhe aus, wie sie so da liegen, im fallenden
Schnee. Richtig weihnachtlich.
Auf dem Weg zur Wärterbude drehe ich mich noch
einmal um. Ein idyllischer Anblick. Meine
widerkäuend daliegenden Kamele im Schneefall.
Heilig Abend bei Hagenbeck.

Sentimental Journey

Ich bin neulich mal wieder hier in Wilhelmsburg gewesen. Den Stadtteil, in dem ich ab 1963 einen großen Teil meiner Kindheit und Jugend verbracht hatte. Ich bin immer wieder geschockt, wenn ich sehe, wie mein ehemaliges Bahnhofsviertel an der Thielenstraße heruntergekommen ist. Die Bahnarbeiter verließen Ende der siebziger Jahre allmählich das natürlich gewachsene Viertel, weil in Maschen Europas größter Rangierbahnhof entstanden ist und der Wilhelmsburger Verschiebebahnhof an Bedeutung verlor. Heute dient er nur noch zum Abstellen von Wagons und Lokomotiven. Das alte Bahnhofsgebäude an der Brücke Thielenstraße hatte nach dem Bau des neuen S- Bahnhofs am Wilhelm- Strauß- Weg ausgedient und wurde später abgerissen. Hier, wo früher der alte Bahnhof dem Viertel seinen Namen gab und der Rocker Colli mit seinen Mannes beim Eisenwarenhändler Panther an der Ecke rumlungerte, hatten ein Lebensmittelgeschäft, ein Supermarkt, zwei Bäcker, Zwei Drogerien, ein Fernsehhändler, besagter Eisenwarenladen und sogar ein Textil- und Gardinengeschäft ihr Auskommen. Und das Feierabendbier konnte man gemütlich in einer der beiden Kneipen genießen. Was ist davon geblieben? Der alte Bahnhof wurde abgerissen. Die Haspa- Filiale am Korallusring dem Erdboden gleichgemacht. Auf dem gerodeten

Parkplatz der Sparkasse wuchert seit Jahren meterhoch das Unkraut. Der Supermarkt gegenüber verfällt. Die Thielenstraße, früher Hauptverbindungstraße zwischen Bahnhof und Kirchdorf, verkehrsberuhigt. Die Straße „Bei der Windmühle" Dreißigerzone. Seitdem der neue S- Bahnhof und das Einkaufscenter gebaut wurden, hat sich das Zentrum des Viertels in Richtung Krieterstraße verschoben. Dort, wo Hark Bohm 1976 den Film „Nordsee ist Mordsee" drehte und die katholische Kirche wegen ihres skurrilen Turmes den Spitznahmen „Nonnenrutsche" hat, ist in den siebziger Jahren der neue Mittelpunkt des Viertels entstanden. Das Bahnhofsviertel mit seinen ehemals vielen Einzelhandelsgeschäften hat dadurch arg gelitten. Das Gebiet zwischen der Jungnickelstraße und der Neuenfelder Straße, rechts von den Bahngleisen begrenzt und links von den Siedlungshäusern „Im schönen Felde", ist bis Anfang der siebziger Jahre Brachland gewesen. Gut einen halben Quadratkilometer groß. Wo heute Hochhäuser stehen und das Einkaufscenter, der S-Bahnhof und die Saga- Wohnungen, lagen große Feuchtwiesen, von Entwässerungsgräben, in Hamburg „Weddern" genannt, durchzogen. Bis auf einige Kleingärten war das Land ungenutzt. Für uns Kinder ein Paradies. Wir strolchten bei jedem Wetter und zu jeder Jahreszeit durch diese Botanik. Im Sommer lieferten Weidenbüsche Material für unsere Flitzbögen, mit denen wir auf Rebhuhnjagd gegangen sind. Natürlich hatten wir nie eins erwischt. Wenn so ein gut getarnter Vogel direkt vor uns aufflatterte war der Schreck meistens so groß, das er schon lange außer Reichweite unserer Pfeile war, bevor wir überhaupt reagieren konnten. Im Vertrauen, ich war immer heilfroh, wenn der Schuss danebenging. So richtig töten wollten wir ja nie. Es ging uns ja mehr um die Spannung. Um die Illusion der „Großwildjagd". Aber wir waren immer sehr mutig. Holten wir uns doch ab und zu bei einem der Kleingärtner, der sich Puter hielt, unerlaubterweise Federn für unseren indianischen Kriegsschmuck. Wir durften uns bloß nicht erwischen lassen. Weder von dem Besitzer, noch von den Putern. Die waren nämlich furchterregend groß, die Puter. Reichten einem Zehnjährigen doch schon mal bis ans Kinn. Im Frühjahr und Herbst schipperten wir auf selbstgezimmerten Flößen auf den übergelaufenen Weddern herum. Im Winter waren die für uns die idealen Glitschen. Oder wir holten uns bei Schmanns, dem A & O- Laden, alte Apfelsinenkisten. Mit denen ging es, auf mehrere Schlitten gebunden, bei Schnee und Eis querfeldein zur Polarexpedition. Geschützt vor den neugierigen Blicken der Erwachsenen machten wir hinter den Kleingärten aus den Kisten ein Lagerfeuer. Brieten uns Salamischeiben am Stock, die auf geheimnisvolle Weise irgendwie aus den

Kühlschränken unserer Eltern verschwunden waren, Im Sommer war ich auch oft bei den Ponys zu finden. Kurz vor der Feuerwache, auf dem Gebiet der heutigen Christoph- Cordes- Straße, war eine Koppel, auf der der Pächter Corny Konrad die Ponys seiner Kinder weiden ließ. Wenn Konrad Junior gute Laune hatte, durften wir auch mal reiten. Ohne Sattel natürlich. Wie das Indianer eben so machen. Wilhelmsburg war für mich immer eine spannende Insel. Ob ich in den Auwäldern am Moorwerder Hauptdeich rumstrolchte, verbotener Weise in der Süderelbe schwimmen ging oder sonntags durch den Freihafen, mit dem Fahrrad durch den alten Elbtunnel, zum Fischmarkt fuhr, immer war mir bewusst, dass ich in einem besonderen Stadtteil wohnte. Eben einer Insel. Der einzige Stadtteil Hamburgs, wo sich die Leute vor Beginn der Frühjahrsstürme Vorräte anlegten, damit sie im Falle einer Sturmflut versorgt sind. Besonders die Bewohner der ehemaligen Hermann- Göring- Siedlung horteten Lebensmittel in ihren Vorratsschränken im ersten Stock. Weit über der anzunehmenden Wasserlinie, denn die eigentliche Wohnung lag auf einem Sockelgeschoss. Das diente als Keller. Dann kam erst die Wohnung. Deshalb galten die alten Siedlungshäusern auch als Sturmflutsicher. Wilhelmsburg liegt im Schnitt nur einen Meter über Normal Null. Da das mittlere Hochwasser aber bei 2,2 Metern liegt, stände die

Insel, theoretisch gesehen, zwei Mal am Tag unter Wasser. Wenn die Deiche nicht wären. Die sind mittlerweile stolze 7.90 Meter hoch und sollten auch dem stärksten Wasserdruck standhalten. Das war nicht immer so. Die Deiche bei der Sturmflut 1962 waren nicht nur niedriger und steiler, einer der Hauptursachen der sechzig Deichbrüche waren Bombenschäden aus dem zweiten Weltkrieg, die nur mit Bauschutt verfüllt waren. Ich habe die andere Sturmflut, 1976, sehr bewusst miterlebt. Zum einen standen meine Freunde und ich nachmittags auf dem Moorwerder Hauptdeich und ließen uns das Elbwasser um die Füße plätschern, das die Deichkrone umschwappte. Ein wahrlich beeindruckendes Schauspiel. Die Norderelbe randvoll mit Wasser. Von Deichkrone zu Deichkrone. Man hatte ständig das Gefühl, der Boden wird gleich unter einem weggespült. Was uns aber nicht daran hindern sollte, abends eine Kellerfete abzuhalten. Zum anderen war einer aus unserer Clique unmittelbar betroffen von dieser Naturgewalt. Er wohnte in der Freiluftschule Moorwerder, in dem seine Mutter Verwalterin war. Was die wenigsten wissen, in der Nacht vom 2. zum 3. Januar brach der Nebendeich, der die Schule zur Elbe hin abschottet. Direkt am Anleger klaffte eine, mehr als zwanzig Meter breite, Lücke. Die ganze Familie unseres Freundes wurde noch in der Nacht mit dem Schlauchboot aus dem ersten Stock evakuiert. Der Hauptdeich hatte zum Glück Stand gehalten. Natürlich wollten wir damals wissen, wie es dort nach so einer Katastrophe aussieht. Leider war dort der Zutritt wegen der Plünderungsgefahr polizeilich verboten, das Rolltor abgeschlossen und versiegelt. Die Busfahrer der Linie 155, die an der Endhaltestelle immer ihre Pausen machten, waren angehalten, die Polizei zu verständigen, wenn sie irgendwelche verdächtige Gestalten auf dem Gelände sichten sollten. Das sollte uns aber nicht davon abhalten, den Schaden mal genauer zu betrachten. Wir fuhren kurzerhand abends mit dem BMW eines Freundes vor, sprangen mit Taschenlampen bewaffnet aus dem Wagen, einer von uns lud im Laufen noch seine Schreckschusspistole durch, und wir flankten über das Rolltor. Der verdutzte Busfahrer dachte wohl an einen Polizeieinsatz. Das war ja auch der Sinn der Sache. Warum sollte er jetzt noch die Polizei benachrichtigen? Sie war ja anscheinend schon vor Ort. Es war schon sehr gruslig dort, auf der Zufahrt zum Heim. In den Bäumen hingen Bettlaken, Stühle, Kissen. Alles Mögliche Treibgut hatte sich in den Zweigen verfangen. Man brauchte wirklich nicht sehr viel Fantasie, um sich vorzustellen, wie es 1962 war. Als statt Bettlaken Ertrunkene in den Ästen der Bäume hingen. Die Freilichtschule schien äußerlich unversehrt. Doch ein Blick durch die Fenster ließ uns erschauern. Die nichttragenden

Mauern im Gebäude waren weggespült. Die neue Großküche ein Trümmerhaufen. Überall Schlick und Morast in den Räumen. Im Deich klaffte ein riesiger Bruch. Ein ehemaliges Rettungsboot der DLRG, zur Stabilisierung halb mit Sand gefüllt, damit die Kinder sicher darin spielen konnten, lag gut hundert Meter von seinem angestammten Platz entfernt. Die ganze Szenerie wirkte in dem fahlen Mondlicht noch surrealistischer, als sie schon war.
Leider ist das alte, ländliche Wilhelmsburg passé. Ist, wie alles einmal im Leben, Veränderungen unterworfen gewesen. Aber das nicht nur zum Schlechten hin. Der Bunker an der Veringstraße wird zum Kraftwerk umfunktioniert. Die Honigfabrik, das Bürgerhaus, eine große Schwimmhalle und jetzt das neue Schulzentrum an der Buddestraße, die IBA, die IGS, das Stiefkind Wilhelmsburg erwacht langsam aus seinem kulturellen Dornröschenschlaf. Irgendwann, in absehbarer Zeit, wird aus Wilhelmsburg wieder ein Stadtteil zum Wohlfühlen werden. Nicht mehr so verschlafen und idyllisch, wie ich es in Erinnerung habe, aber mit neuem Flair und alter Patina. Und wenn ich im Sommer ab und zu am Marktplatz an der Krieterstraße in einem der Straßencafés sitze und mir den multikulturellen Trubel um mich herum so ansehe, fühle ich mich hier wieder wohl. Denn Straßencafés hat es damals im alten Bahnhofsviertel leider nicht gegeben.

Parlez vous francais?
Es war einiges los, hier, auf der Davidwache. Also hieß es für mich warten. Cassius, mein Boxer, hatte die Ruhe weg. Der hatte sich gleich unter die Bank verkrümelt, auf der ich saß, und schnarchte selig vor sich hin. Eigentlich bin ich ja seinetwegen hier gelandet. Er hatte beim Gassi gehen irgendetwas aufgestöbert, womit er dann herum spielte. Ich dachte erst, es wäre ein altes Stück Leder oder ein Lappen, oder so, was er sich da selbst nach Hundeart um die Ohren haute. Aber dann flogen plötzlich Papiere durch die Gegend und alle möglichen Plastikkarten. Eine landete direkt vor meinen Füßen. Von irgendeiner Innungskrankenkasse. Das machte mich stutzig. Ich pfiff Cassius heran und nahm ihm seine Beute ab. Das Stück Leder entpuppte sich als Brieftasche. Eine ziemlich teure sogar, wie ich an dem eingepunzten Logo erkennen konnte. Geld war keins mehr drin. Ich sammelte also die Papiere und Karten ein. Auch ein Personalausweis war dabei. Die Brieftasche gehörte einem gesetzteren Herren aus Freising in Bayern. Ich überlegte nur kurz. Dann war für mich die Sache klar. Wenn hier oben, im Park an der Kaistraße, abseits jeglichen Touristentrubels, eine bayrische Brieftasche in den Büschen herum liegt und der Besitzer nicht direkt besoffen daneben, kann das nichts Gutes bedeuten. Also, ab zur Davidwache. Und da saß ich nun und wartete auf

meine Abfertigung. Hier herrschte ein ständiges Kommen und Gehen. Die ganze schillernde Welt des Hamburger Kiezes schien sich hier ein Stelldichein zu geben. Halbseidene Möchtegern-loddels, noch halbseidenere Damen jeglichen Alters, zwei Japaner, die ihr Hotel nicht mehr fanden, ein Junge vom Pizzaservice bahnte sich den Weg durch die Leute. Es war schon einiges los hier und ich hatte das Gefühl, das mein Anliegen irgendwie unter zu gehen schien. Aber ich hatte ja die Zeit und auch die nötige Muße, um hier zu warten. Und genoss auch auf eine gewisse Art die Szenerie. Aber auch in der Davidwache wird es irgendwann mal ruhiger und in mir glimmte die leise Hoffnung auf, bald mein Anliegen vorbringen zu können. Ein Beamter am Tresen fertigte noch ein altes Mütterchen ab, die anderen Polizisten hatten sich dezent zurückgezogen. Wohl, um sich die, inzwischen wahrscheinlich kalte, Pizza einzuverleiben. Ein Mann wurde herein geführt. Eskortiert von zwei uniformierten Polizisten. Der Polizist hinter dem Tresen entließ das alte Großmütterchen mit Handschlag, hob dann die Klappe auf, die den Besucherraum vom Wachraum trennt, und wies dem Neuzugang einen Platz neben seinem Schreitisch zu. Der eine Polizist, der den Mann herein gebracht hatte, wisperte ihm nur kurz zu: „Verdacht auf Taschendiebstahl. Spricht anscheinend kein Deutsch. Viel Spaß beim Verhör!"

Dann verzog er sich mit seinem Kollegen in die hinteren Räume. Der Wachhabende setzte sich an seinen Schreibtisch, gab noch ein paar Daten in den Computer ein und begann das Verhör. „Wie heißen sie?" „Non parlez allemand!" Der Wachhabende verzog sein Gesicht. Sein Gegenüber fragte lächelnd: „Parlez- vous francais?" Die Gesichtszüge des Beamten verdüsterten sich weiter. Er drehte den Spieß um. „Do you speak english?" „Je non parlez anglais. Avez- vous des allumettes?" Der Polizist fuhr sich nervös durch das Haar. Dem Mann ihm gegenüber glitt ein leichtes, aber verschlagenes, Lächeln über das Gesicht. Er machte eine ungeduldige Geste. „Monsieur garcon, l'addition, s'il vous plait." Jetzt erwachte die Neugier in mir! Es ist zwar schon lange Jahre her, dass ich mal in Frankreich gewesen bin, aber so viel habe ich doch noch von den paar Sprachbrocken behalten, die ich mir damals angeeignet hatte, dass ich weiß, man fragt keinen Polizisten nach der Rechnung. Außerdem kam mir sein Akzent irgendwie seltsam vor. In mir stieg da ein vager Verdacht auf! Der Mann wurde noch dreister. „Avez- vous des cigarettes?" Ich stand auf, ging vor an den Tresen und zeigte auf ein Schild mit durchstrichener Zigarette. „Non- fumeur!" Der Polizist sprang auf. „Sie sprechen französisch? Hervorragend! Könnten sie mir bei dem Verhör helfen? Sie würden mir einen großen Gefallen tun! Ich wüsste sonst nicht, wo ich um diese Uhrzeit noch einen Dolmetscher her bekommen sollte." Er hielt mir erwartungsvoll die Tresenklappe auf. Es reizte mich, mir jetzt selbst meine eigene Theorie zu bestätigen. „Nun gut, ich will versuchen, was ich aus dem Herren heraus bekommen kann!" Der Mann sah mich misstrauisch an. Ich grüßte ihn. „Bonsoir, Monsieur!" Er schlug die Augen nieder. „Bonswa." Mein grausames Spiel konnte beginnen. Ich sah ihm fest in die Augen. „Allons enfants de la Patrie, le jour de gloire est arrivé!" Mein Opfer quetschte nur ein heiseres „Bon" durch die Lippen. Ich setzte nach „Contre nous de la tyrannie" Sein Blick flatterte. Weiter! „L'étendard sanglant est levé." Ich verschärfte den Ton. „L'étendard sanglant est levé!" Der Mann wand sich. Ich fing an, es zu genießen. Verbalattacke! „Entendez-vous dans les campagnes. Mugir ces féroces soldats? Ils viennent jusque dans vos bras. Egorger vos fils, vos compagnes!" Ich sah in die Augen eines waidwunden Stieres und setzte zum Todesstoß an. „Aux armes, citoyens, formez vos bataillons!" Ich deutete ihm mit der Hand, auf zu stehen. „Marchons"! Er zögerte. Ich wurde lauter. „Marchons! Qu'un sang impur. Abreuve nos sillons!" Der Mann brach zusammen. „Is ja güüd, is ja güüd!" Ich grinste. Mein Franzose sächselte. „Sie hom ja schon längsd gemärgd, das isch gähn eschter Franzmann bin. Warum gwääln se misch dann da noch so?" Der Wachhabende schüttelte nur den

Kopf. „Na, dann kommen sie mal mit, sie komischer Pariser, sie. Heute Nacht atmen sie mal zur Abwechslung schöne gesiebte Hamburger Luft. Sollen sich die Kollegen von der Tagesschicht mit ihnen rum ärgern. Ich habe für heute die Schnauze voll." Im Vorbeigehen nuschelte der Möchtegernfranzose noch: „In Leibzsch hom se mir das gegloobd. Die hom misch imma loofen lossen. Schäiss Metrobolen, beschissene!". Dann schloss sich die Zellentür hinter ihm. Der Polizist grinste dankbar. „Was für ein Glück, dass sie Französisch können. Ich wäre glatt herein gefallen auf den." Ich grinste zurück. „Das komische an der Sache ist nur, ich spreche gar kein Französisch." Der Beamte sah mich verwundert an." Und was war das dann? Für mich klang das aber sehr nach Französisch." „Ich klärte ihn auf. „Die paar Brocken, die der auf der Pfanne hatte, lernt doch jeder, der nur ein paar Mal über das Wochenende nach Frankreich rein fährt. Das sind die elementarsten Sachen, die man da drüben braucht. Besonders die Raucher. Haben sie Streichhölzer, haben sie Zigaretten? Mehr hatte der doch nicht drauf. Stutzig wurde ich erst, wie er sie als Herr Ober anredet hat und um die Rechnung bat. Da hat es bei mir geklingelt! Monsieur garcon, l`addition, s`il vous plait?" Der Polizist schüttelte den Kopf. „So ein Lump. Und der dachte doch tatsächlich, er kommt bei uns damit durch. Aber eins verstehe ich immer noch nicht. Wenn sie kein französisch sprechen, was haben sie ihm denn die ganze Zeit erzählt?" Ich lächelte. „Sie wissen doch, nicht für die Schule lernen wir, sondern für das Leben. Wir hatten vor etwa vierzig Jahren auf unserer Schule französische Austauschschüler in der Klasse. Und um Eindruck zu schinden haben wir damals ihre Nationalhymne auswendig gelernt. Genau die habe ich ihm vorgebetet. Und wie sie sehen, ich kann sie immer noch. Jeder echte Franzose hätte spätestens nach der zweiten Zeile die Marseillaise erkannt. Und weil das bei ihm nicht der Fall war, habe ich einfach weiter gemacht. Was ja auch wunderbar geklappt hat, wie man sieht." Cassius gähnte und winselte verhalten. Ich erinnerte mich an die Brieftasche und übergab dem Beamten meine Fundsache. Wie sich später herausstellte, meldete der Freisinger Bayer sie am nächsten Tag als gestohlen. Und obwohl Cassius sie so heftig durchgebeutelt hatte, konnte doch noch Fingerabdrücke auf ihr gesichert werden. Dummerweise gehörte einige davon dem französischen Sachsen, der schon einschlägig Polizeibekannt war. Pech für ihn.

Op de Straat

As lütjen Butjer kunnt ick dat jümmers nich verwachten, dat et Fröhling warden dot. Dat fung meest schon kort no Lichtmissen an, wenn der Schnee to däuen anfung. Dor wullt ick endlech wedder rut ut de düsteren Stuve opp de Straat, an de frische Lucht. Dann bin ick met miene Frünn dorch Eppendorf butjert un het luert, ob dor nech eene „Pankokenkapelle" ehr Musik moken deit. Dann sünn wi hen un hebt danst un de Leeder mitgröhlt. Wi sünn uns ok ganz scheun verrucht vörkommen, wenn wi sung harn „ An de Eck vun de Steenstrott steiht een Olsch mit Butt. Se kniep de Been tosoom, as wenn se mutt!" Pankokenkapelln harn nix met Pankoken to doon. De sünn no dem Begrünner Leberecht Pankoken benannt worn. De is no Hamborch kumm, um her een Blosorchster tü grünn. Dor is awers nix ut worn un so het he sick met een Geiger, een Klarinettisten un een Posaunisten tosoom doon un sünn dorch de Straaten trocken, um eer Gild to verdeen. Pankokenkapellen het dat bis Enn de foftiger Johr geven. Dann het se wohl dat „Weertschaftswunner" dorhenrafft. Doomals is ok no Platt snackt woorn in Hamborch. Tuminnst Missingsch. Dor het dat no heeten bien Inköpen: Na Butjer, wat kunn ich för di doon?" Oder." Dor, lütt Deern, hest een Schief Wust." Awers de Tieden sünn nu al lang vörbie. Missingsch is een Opfer worn fun de

„Globalisatschon" un Platt ward allwegens nur no int Ohnsorgtheoder snackt. Ick bün al lang wech von Eppendorf. Dat is nech mehr dat Stadtdeel, in dem ich upwussen bün. De Tarpenbekstraat, domols eene Sackgasse mit groten oolen Lindenbööm, is hüt eene Dörchgangsstraat mit tweunsöbentig-dusend Autos am Dach Verkehrsopkomen. Dat Neddernfeld, eenst een Gelänn, wo oole Baracken un Feldlorn vör sick hin gammelt sünn un mien Grotvadder sien Gorten hebt hat, een Paradies för uns Kinners, schimpt sick hüt nu „die Automeile". Dor siecht man nu keene Görn mehr mit Fletschen un Flitzbogen inne Hann rümstromern. Un Haselnottboschen sünd dor ook nech mehr, under den Eppendorfs Jugend de ersten Erfohrungen met eern Doktorspeelchen mokt het.

Awers de Drang, foftig Johr later, no de lang Winternächten endlech wedder no buten, op de Straat, to gein is jümmers no dor. Ick hev dat jo tum Glück nech wied in unsere Inköpstroot. Sobald de Schnee wech is un de Wind nech mehr so iesig weihen dot, mokt sick dat bemerkbor. Dann muttt ick rut. Dann is dor wedder Leven in de Straaten. Een kleen Klönsnack met dem Grönhöker an de Eck, de jümmers köhle so Feut het, oder met de gestressten Bedehnung vunt Backshop, de mol kort eene Zigarett wechpafft, bevör se sick weder ins Getümmel störten deit. Jümmers fund sick een Gelegenheet, een poor fründliche Worte to wesseln.

De Grönhöker is ut Anatolien un de Deern ut dem Backshop ut dem Kosovo. Un dat is good so. Billstedt het een hohen Andehl von Lüd met Migratschonhinnergrunn. Sebenunvertich Perzent. Un ick fühl mi wohl her, im mien Multikultistadtdehl. Un seker. Her is nix to spörn von Utlännerhass und Diskriminierung. Her levt se all tosoom. Di Swatten, de Geeln un all de Bontjebunten vunn helen Planeten. Un dat Wichtigste, se respekteern sick ünneranner. Dor is dat egol, ob dor nu een Afrikaner in sien Lannestracht dorher kummen deit, eene Inderin im Sari oder eene Fru ut den Iran in eern Tschador. Her sünn se allns gliek. Dat licht villich doran, dat de Hamborgers wegen de Seefohreree den Ümgang met de exotischsten Lüd in Loop de Johrhunners lernt het. Ständig hebt doch dor de Schippe ut de enlegensten Länners bi uns in Hoben fastmokt. Un de Peppersäcke hevt jümmers good an se verdehnt. Worum also unfründlich sien? Givt dat gor keenen Grund för. Vergrault de Lüd nur. Un so het sick dat wohl entwickelt, dat Hamborch so eene weltopene Stadt worn is. Her wör Pegida keen Foot an Boden kregen kunn. Awers de in Dresden hinken jo sowieso de Weltentwicklung no bannig achterran. Vertig Johr im „Tal der Ahnungslosen" dorhenvegiteert het in de ehemols weltoffenen Metropole Elbflorenz Spurn hinterloten. Nu häng se dor un hebben de Büxen vull vör dem, ach so gruseligen, Muselmann. Nu geiht se op de Straat.

Ick sech dor to: Richtig so! Geiht ob the Straat! Awers nech tum Demonstreern. Geiht nu buten un snackt met de Lüd. Lot ji verkloren, wat dat met dem Koran op sick het. Lot ji sick verklorn, worüm de Fruunslüd in Tschador rumlöpen wulln. Denn keeneen dwingt se dorto. Dat is bi jüm Traditschon. Dat kunnt se nech vun hüt op moorn avlegen. Wenn ji dat vun jüm verlangen wöörn, wer dat so, as wenn man vun di verlang dot, dat du vun bax op nu in diene Ünnerbüx op de Straat lopen schast. Dor müst di ook erst dran gewöhn. Geiht hen un lern ji kenn. Geiht hen un besnuppert ji. Ji hebt sich an Gyros wennt, an Pizza un an Döner. Dann ward ji ook Falaffel nech ümbring. Will dormet seggen, ji hebt den Kontakt met Griechen, met Italiener un met Türken överlevt, worüm nu so soveel Büxenschieteree wegen een poor Muslims, de her in Dütschland leven. Nur, weil dat in Nahost brennen dot alarmeert ji in Dütschland de Füerwehr? Hitler het achtzig Millionen Dütsche gegen fiefhundertdusend Juden obbracht. Wullt ji den sülven Fehler wedder moken? Wult se sick vun een Hann vull Möchtegernpolitikern obstackeln loten, bloß weil de sick geern snacken hörn? Ward endlech mol klog ut de Vergangenheet.
Un sech mi nix geen die Muslims. Dat sünn Lüd, wie du un ick. Nur, dat se anners glöven don, as wi. Un sunst is dor keen groter Ünnerschied. Un ick mog se. Ick bün mol bi uns an der Ampel stunn und

hev op Grön teuft, dor kummen twe Fruunslüd dorher in eern Tschadors. De een schull wohl bald Modder warn. Sie hebt twe lütje Deerns dorbi hat. Keen söss Johr alt. De beden Deerns stunn an der Ampel un de een vun de beden het eer Fründin heel unbefangen över de Schwangerschaft opklärt. „Wenn de Buk so geiht ward dat een Jung." Se wiesen eer Fründin, wat se meent. „Un wenn he so geiht ward dat een Deern!" Wenn dat keene moderne Ertreckung is, wat denn. As ick dat hört hat, har ick grienen mutt. De Fruh met dem Babybuk is een lütten bit rot worn, het denn awers ook grienen mutt un mi toplinkert.

Un so wat kunnst nur ob de Straat beleven. Dorüm jümmers scheun neeschierig blieven ob allns Nieges, un wenn dat no so fremd is. Bang is man nur vör dat, wat man nech kennt.

Futtern, wie bei Muttern
Endlich ne eigne Bude, jetzt geht das Leben los!
Endlich erwachsen, wie fühle ich mich groß!
Doch am schon nächsten Morgen hatte ich gar keinen Plan,
als ich hungrig vor dem Herd stand. Wie geht das Ding bloß an?
Ich glaub, das klär ich später, kaufe lieber erst mal ein
Mit ein paar Lebensmitteln wird das Kochen leichter sein.
Der Fleischfee an der Theke erklärt ich mein Problem.
„Nehm se was Kurzgebratnes, nehm se was von dem"!
Sie zeigte auf die Schnitzel. Die sah`n ganz harmlos aus.
„Immer nur gut salzen, haun se ordentlich Pfeffer drauf!"

Futtern, wie bei Muttern gibt, das gibt es nun nicht mehr.
Kochen, wie Jochen, macht mir heut das Leben schwer.
Wie habe ich gelästert über Jochens Tiefkühlspleen.
Kochen kann doch jeder, das krieg sogar ich noch hin.

Ich kaufte noch auf Vorrat Spagetti und Kartoffeln ein.
Margarine, Dose Pilze und dann ging es Heim.
Ich schälte die Kartoffeln, diese seltsam braunen Dinger.
Doch auch die größten Knollen wurden klein, wie mein Ringfinger.
Vielleicht lag es an der Ware, vielleicht war das Messer Schuld.
Vielleicht fehlte mir letztendlich auch nur die Geduld.
Jedenfalls war der Schnitt an meinem Daumen ziemlich schnell verbunden
Von einer netten Nachbarin. Hab meine Pflaster nicht gefunden.
Die liegen sicher immer noch in irgendeiner Umzugskiste.
Zum Glück gibt es ja Nachbarinnen, weil ich sonst verbluten müsste.

Futtern, wie bei Muttern gibt, das gibt es nun nicht mehr.
Kochen, wie Jochen, macht mir heut das Leben schwer.
Wie habe ich gelästert über Jochens Tiefkühlspleen.
Kochen kann doch jeder, das krieg sogar ich noch hin.

Margarine in die Pfanne und das Schnitzel rein.
Ich hab auch rausgefunden, wie schalt den Herd ich ein.
Das Fett fängt an zu brutzeln die Kartoffeln kochen schon.
Ich mach die Dose Pilze auf, da klingelt`s Telefon.
„Ja, Mama, sei nur beruhigt, mit geht es wirklich gut.
Nie hätte ich geahnt, wie gut mir die Freiheit tut."
Der Rauch aus der Küche sagte mir, das Fleisch ist jetzt ok.
Doch die seltsamen Gerüche taten meiner Nase weh.
Das Schnitzel zärtlich Rosa, obendrauf, ich war sehr stolz.
Die andere Seite glich eher mehr massivem Ebenholz.

Futtern, wie bei Muttern gibt das gibt es nun nicht mehr.
Kochen, wie Jochen, macht mir heut das Leben schwer.
Wie habe ich gelästert über Jochens Tiefkühlspleen.
Kochen kann doch jeder, das krieg sogar ich noch hin.

Eine Woche später klingelte ich an Mamas Tür.
Mein Magen sagte laut mir, du warst seit Jahren nicht mehr hier.
Mutter fiel aus allen Wolken. „Mein Junge, bist du blass!
Komm sofort in die Küche, setz dich hin, iss erst mal was!"
Randvoll mit Gulasch und Kartoffeln, Erbsen, Möhrchen, zart und fein,
öffnete ich mir meine Hose, sog tief den Duft mir ein
dieser altbekannten Küche und schmerzlich wurde mir dann klar,
das in meinem Leben nichts mehr so sein wird, wie es einmal war.

(langsam)
Futtern, wie bei Muttern, das gibt es jetzt nicht mehr.
Kochen, wie Jochen, macht mir heut das Leben schwer.
Ich tauschte dieses Essen gegen meine Freiheit ein.
Und ahnte damals schon, irgendwann wirst du`s bereun.

(wieder schnell)
Futtern, wie bei Muttern, gibt das gibt es nun nicht mehr.

Kochen, wie Jochen macht mir heut das Leben schwer. Wie habe ich gelästert über Jochens Tiefkühlspleen. Kochen kann doch jeder, das kriege sogar ich noch hin.

Das Licht
An dunklen Tagen stirbt das Licht,
vernichtet die Gedanken.
Tage ohne Sonnenlicht
bringen deine Welt ins Wanken.

Schwimmst du im Meer der Traurigkeit,
versuch, nicht zu versinken.
Versuche, von dem gold'nen Licht
des Morgenrots zu trinken.

Dem Morgenlicht entgegen,
die Hoffnung stets im Blick.
Dann meisterst du dein Leben.
Dann findest du das Glück.

Für Nicole
When days comes cool,
even in the heat of the night,
When pain gets cruel
and you feel out of the light,
when your body becomes your enemy
and all your tears are cried,
it`s time to change your mind.

Look forwards to the next dimension.
Look forwards to a bright new time.
Leave brave behind the blue days
and hear all the bells are chime.

When the black bird of death
becomes a big white swan,
when leaving this world
makes your empty heart calm,
when all that makes your wounded mind warm,
you`ve changed your mind.

Look forward to the great expansion.
Look forward to a glorious time.
Leave brave behind the blue days
and hear all the bells are chime.

When you are united with the stars
and left all your pain behind,
I'll remember you forever.
You and your gently kind.
Farewell.